万年时光里
中国人的生活与文化

万年生活简史

张致和 著

天津出版传媒集团
新蕾出版社

图书在版编目 (CIP) 数据

万年生活简史 / 张致和著 . -- 天津 : 新蕾出版社，
2024.6（2025.5 重印）
（全景看中华文明）
ISBN 978-7-5307-7685-8

Ⅰ.①万… Ⅱ.①张… Ⅲ.①中华文化 – 儿童读物
Ⅳ.① K203-49

中国国家版本馆 CIP 数据核字（2023）第 248431 号

书　　名：	万年生活简史　WANNIAN SHENGHUO JIANSHI
出版发行：	天津出版传媒集团
	新蕾出版社
	http://www.newbuds.com.cn
地　　址：	天津市和平区西康路 35 号（300051）
出 版 人：	马玉秀
电　　话：	总编办（022）23332422
	发行部（022）23332677　23332351
传　　真：	（022）23332422
经　　销：	全国新华书店
印　　刷：	天津新华印务有限公司
开　　本：	787mm×1092mm　1/16
字　　数：	110 千字
印　　张：	14
版　　次：	2024 年 6 月第 1 版　2025 年 5 月第 2 次印刷
定　　价：	35.00 元

著作权所有，请勿擅用本书制作各类出版物，违者必究。
如发现印、装质量问题，影响阅读，请与本社发行部联系调换。
地址：天津市和平区西康路 35 号
电话：（022）23332677　邮编：300051

序

泱泱华夏，赫赫文明。从农耕时代到数字化时代，每个时代的中国人都在不断塑造着独特的生活方式，历经数千年的沉淀、传承与创新，"绘就"了我们色彩斑斓的现代生活画卷。而古人的社会与生活文化，直接反映在博物馆中那一件件精美的文物上。

珍贵文物"说"历史，衣食住行"话"古今。通过珍贵文物来讲述历史故事，描摹古人生活，弘扬传统文化，满足公众对过往上万年古人生活状态的探究欲望，对历史学者来说，不仅是责任，更是使命。在过往的研究中，很多社会生活史的话题已经被学者们用专业的学术语言反复论述，并取得了丰硕的研究成果。然而，这些研究成果对于青少年读者来说，就显得有些艰涩了，需要有人通过有趣的故事和丰富的历史文化遗存，以深入浅出的表达方式，通俗易懂地为他们进行阐释，从而为他们打开了解我国悠久历史文化的一扇窗，让他们在阅读的过程中收获知识，激发文化自信心和民族自豪感。

作为社会生活史与社会经济史领域的优秀青年学者，张致和博士创作的《万年生活简史》正是这样一部献给青少年读者的有趣、有料还实用的古代生活普及读物。这本书用真实文物、手绘插画等，让古代生活中的"万事万物"变得趣味盎然、真实可感；通过讲述古人生活故事，深入探究古代社会生活的小秘密，精选古人衣、食、住、行等多方面话题，向青少年读者展现古代生活的丰富多彩；按照朝代顺序，梳理古人社会生活发展脉络，写就了一部适合青少年读者阅读的古代生活"简史"。青少年读者可以通过这本书"深入"古人的日常生活，探索装束之礼，了解起居之道，享受饮食之乐和休闲之趣，感受日用之妙。

我由衷期待，这本书能成为每一位热爱中华历史、喜欢观察生活的青少年读者的朋友，希望大家都能在这本书中找到惊喜，领略古人的生活智慧。

李锐

2024年1月

（作者系鄂尔多斯市博物院常务副院长、文博研究馆员

中国社会科学院研究生院教授

中国博物馆协会理事）

装束之礼

2　花钿妆，古代变美小妙招儿

8　古人"美甲"的讲究

17　古代的束腰神器"带钩"

24　鞋子的千年之旅

32　一步一摇的美丽头饰

40　小梳子，大文化

47　古人化妆的"秘密武器"

55　小小衣领，大大胸襟

饮食之乐

64　吃火锅，古人是认真的

72　古人也爱喝奶茶

80　跟古人学"花式吃肉"

89　古代食盐的妙用

96　知茶具，秒懂古代茶文化

起居之道

106　冬日御寒，"被"受关注

114　"高枕"只是为了无忧吗

121　"锁"不住的历史

126　古人的"厕所革命"

132　古代"京漂族"的租房史

139　古人的"身份证"

147　古代出行如何认路

日用之妙

156　2400多岁的冰箱

162　用筷子"夹起"中国文化

169　近视了，古人这么办

176　记事、计数有窍门

休闲之趣

184　爱养"猫咪"的古人

190　古人钓鱼的快乐

197　古人也爱踢足球

203　宋朝夜市游玩攻略

212　后记

装束之礼

花钿妆，古代变美小妙招儿

大家看过舞蹈《唐宫夜宴》吗？如果看过，你一定会对那些漂亮的唐装小姐姐赞不绝口。她们不但衣服漂亮，舞跳得漂亮，连化的妆都那么好看。她们额头、双颊上那些别致且绚丽的花纹，是不是特别引人注目？这些花纹在古代一般都是贴上去的薄片，这可是古人传承千年的变美小妙招儿呢！这类妆容也有一个好听的名字：花钿（diàn）妆。

2000多年前的变美小心思

为了变得美美的，古人在花钿妆上可是费了不少小心思。

"钿"字的一个意思是用金片或宝石等做成的花朵形的装饰品，所以金、银、玉、贝、珠甚至鸟羽、蝉翼、花瓣等材料，只要是看上去漂亮的，全都能用到花钿妆上！五颜六色的薄片贴在鬓角、额头、脸颊上，要多美有多美！比如宋钦宗皇后的画像上，就能看到用珍珠做成的花钿。除了材料，花钿的形状也有很多种，圆形、菱形、梅花形、桃形、扇面形等，在古人那里都是很常见的，甚至还有小鸟和小鱼的形状呢。

花木兰的故事，想必大家都很熟悉。有些专家认为，创作于1000多年前的北朝乐府民歌《木兰诗》里，描绘木兰梳妆的场面时说她"对镜帖花黄"，这里的"花黄"有可能就是一种黄色的花钿。

《钦宗皇帝后》（局部）
台北故宫博物院藏

那花钿妆到底是从什么时候出现的呢？有些学者认为，花钿妆很可能是从古人的"绘面"（在脸上画颜色鲜艳的图案）演变而来的。远古时期，人们在荒野中艰难生存，最初"绘面"是为了吓跑猛兽，后来慢慢才有了装饰的作用。至少在2000多年前的战国时期，花钿妆这种"美容方式"就已经出现了。例如，长沙战国楚墓出土的彩绘女俑脸上有排成梯形的圆点。

战国楚墓彩绘女俑脸上的妆容

有的专家推测,这种简单朴素的圆点,就是早期的花钿。试想一下,当时的人们只需要用一根木棍或者筷子,蘸些颜料点在脸上就是一种装饰,是不是很有意思呢?

唐末五代时的马缟(gǎo)在《中华古今注》一书中说,秦始皇曾经命宫女扮成仙子,要求她们脸上都要贴一种叫"花子"的面饰。这种花子就是花钿的另一个名称。看,贴上花子的女子连秦始皇都喜欢呢!

唐朝女妆的典型特征

到了魏晋南北朝时期,花钿妆变得越来越常见。除了"花黄"之外,这一时期的花钿妆最出名的要数"梅花妆"了。我们经常可以在一些文物中看到它的影子,比如东晋时期的《墓主人生活图》中右边的这位女性脸上,这种在两侧脸颊的面妆就是梅花妆,也叫靥(yè)钿妆。

《墓主人生活图》（局部）　新疆维吾尔自治区博物馆藏

不过，民间传说总是比历史来得有趣些。古籍《太平御览》中记载，南朝宋武帝的女儿寿阳公主，有一次在梅树下休息，一朵梅花恰好落在她的额头上，寿阳公主一下子没拂下来，索性就不管它了。谁知，三天后，寿阳公主的眉心竟然留下了五个花瓣的印记，衬托得她更加美丽动人。消息传开后，很多女孩争相效仿，剪下梅花贴在额头上，也有一些更加聪明的女孩，找了别的薄片来贴，"梅花妆"就这样流行起来。

新疆维吾尔自治区博物馆藏

绢衣彩绘木俑

又过了几百年，到了唐朝，花钿妆终于迎来了它的鼎盛时期。这一时期的壁画、绘画和雕塑艺术品中，到处都可以见到花钿妆的影子，花钿妆成了唐朝女妆的典型特征。据说武则天、杨玉环等名人也都特别喜欢花钿妆呢！可见在唐朝，花钿妆深入人心，所以在1000多年后的今天，我们还能在《唐宫夜宴》的舞蹈中看到它。

唐朝以后，中原女性的妆容变得素净了许多，花钿妆渐渐没那么常见了。不过在一些边远的少数民族地区，在脸上加纹饰的妆容一直都存在。到了现代，一些有爱美之心的小姐姐有时也会给自己来一个花钿妆，也算是复古妆容的一种吧！

值得一提的是，古代还有一种

舞乐屏风绢画 新疆维吾尔自治区博物馆藏

插在头发里或者贴在头发上的头饰，叫作钿花或钿子，听起来似乎和花钿妆有些关系。制作钿花时，也常用到金箔、珍珠、丝绸、薄玉片、鱼鳃骨、鱼鳞、羽毛、螺钿壳及云母等。现在，由于保护动物和爱护环境的原因，人们利用现代科技制造出了许多替代的材料来做钿子。

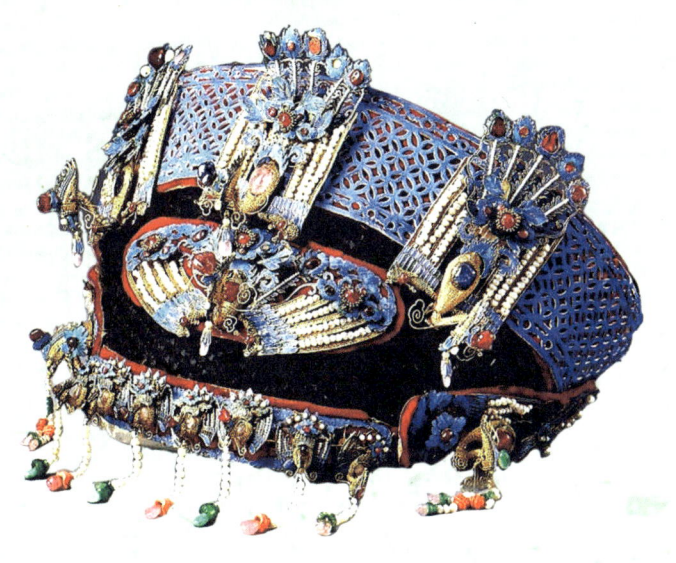

铜镀金累丝点翠嵌珠石凤钿　故宫博物院藏

了解了这么多关于花钿妆的知识，你是不是已经按捺不住，也想动手创作一款美丽的花钿妆了呢？快动手试试吧！

古人"美甲"的讲究

干净光滑的手指，能够反映一个人的良好习惯和修养。我们的祖先非常注重手指的美。《诗经》里夸女子"手如柔荑（tí）"，意思是说女子的手像软而白的小草嫩芽一样。如此漂亮的手指，指甲也不可忽视呀。和现代人一样，古人也热衷于"美甲"呢!

天然染料染美甲

现代人给指甲染色，颜色丰富，只有你想不到的没有做不到的。古代科技并不发达，没有化工原料制作指甲油，古人就发挥聪明才智，利用天然的染料来染甲。他们使用的有动物身上渗出的油脂染料、人工开采的矿物染料,还有鲜艳多汁的植物染料等。

让我们先回到原始社会。那时候,人们祭祀时就会在指甲上涂鲜艳的颜色,祈求神灵保佑自己。古籍中记载,西周时期,国家设置了"染人"的职位,专门负责给丝帛等物染色,而不少贵族女子则会将蜂蜡、蛋清等混合涂抹到指甲上,保持指甲的光亮。

专家们研究发现,早期的壁画、画像砖上,人物的手指并没有被刻画得很细致,但到了南北朝、隋唐时期,敦煌壁画上人物的指甲就已经有染色的了。

莫高窟335窟壁画中,人物的指甲染成了黑色

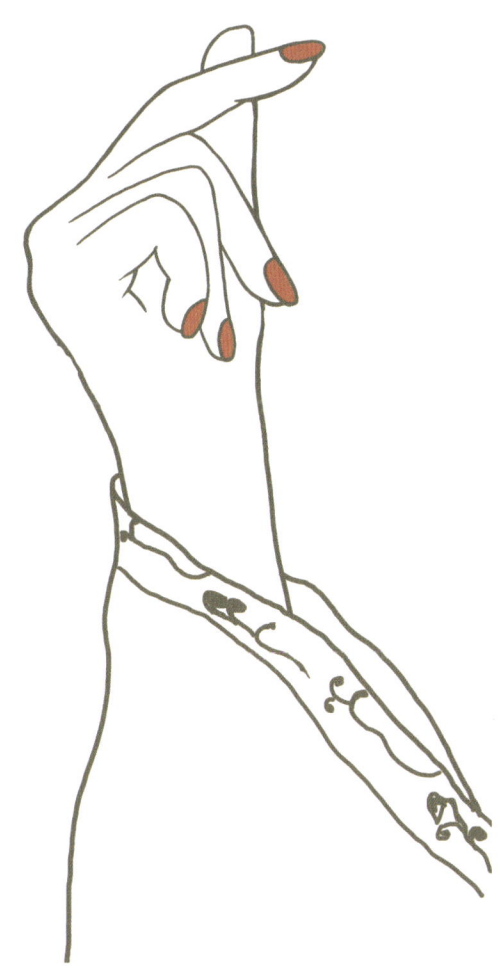

凤仙花

　　我们前面说过，古人会把植物的新鲜汁液作为染甲的原料，凤仙花就是原料之一。凤仙花生存能力强，能够入药，有止痛、活血、治疗灰指甲等功效。人们用凤仙花染指甲，先要采摘鲜嫩艳丽的花瓣，放入器皿中不断捶捣，出汁后再加入适量的明矾用以定色，最后将混合好的染料敷在指甲上，用透气性好的纱布裹住，根据花瓣颜色深浅，过一段时间指甲就会呈现橙色、红色等不同的颜色，并且能够保持很久呢。

　　唐朝时特别流行染指甲，传说杨贵妃就很喜欢染红指甲。鸡冠花传入我国后，也被用于染指甲。唐朝诗人李贺有一首诗《宫娃歌》中写道："蜡光高悬照纱空，花房夜捣红守宫。"这里的"红守宫"指代的就是凤仙花。烛光下，一位妙龄女子在捶捣凤仙花准备染指甲，多美的诗歌意境呀！

宋朝时，妇女有更多的机会出门过节、赏花和交友，用凤仙花染指甲就更加流行了。南宋文学家周密在他的著作《癸辛杂识》中详细记述了用凤仙花和明矾染指甲的方法。

元朝诗人杨维桢也在自己的诗中写道："夜捣守宫金凤蕊，十尖尽换红鸦觜（zuǐ）。"金凤蕊就是凤仙花，染完指甲后，十个指尖如同红嘴鸦的嘴尖一样，是不是非常形象呢？

明清时期，人们又发现了其他用来染指甲的花。明朝的李时珍在《本草纲目》中记录了一种"指甲花"，"有黄白二色……可染指甲，过于凤仙花"，称赞它作为染指甲的原料比凤仙花还好，这种指甲花实际上就是现在的散沫花。

利用植物制成染指甲的原料，不仅体现了古人的爱美之心，更展现了他们非凡的智慧。

蓄甲是很重要的事情

勤洗手，勤剪指甲，是一种讲卫生、爱干净的好习惯。然而古人认为，长长的指甲也代表了一种美。

在古人看来，"身体发肤，受之父母，不敢毁伤"，指甲作为身体的一部分，不能轻易损伤。史书中记载，商朝的开国君主商汤为了祈雨，把自己的头发和指甲当作祭品；西周时，周成王生病，他的叔叔周公就剪掉指甲祈求周成王早日康复。这些行为只是一种心灵的寄托，并不会产生什么效果，但可以看

《先师孔子行教像》

张之洞

出指甲在古人的心中的重要性。

古人留长指甲还有一个原因,他们认为长指甲是某些人身份的象征。古时候,需要劳作的人要勤剪指甲,贵族或有身份的人却衣来伸手、饭来张口,根本不用剪指甲,久而久之,不剪指甲便成了彰显身份的方式。古籍《韩非子》中记载,战国时期,韩国国君韩昭侯假装丢了一片指甲,命令随从去寻找,随从找不到,就剪下自己的指甲献给韩昭侯。实际上,韩昭侯是想试探随从是否忠于自己。从这个小故事可以看出,作为国君的韩昭侯和身份较高的随从都保留着蓄长指甲的习惯,并且都非常珍视它们。

从春秋时期的孔子到清

朝晚期的张之洞，从很多流传下来的不同时期的历史人物画像、照片中，我们能够看到很多人都留着长指甲。

同时，古代闺阁女子留长指甲，会显得手指更加修长和柔美。所以，蓄甲作为古人的传统，既有审美的需求，又是身份的象征。

唐代《簪花仕女图》中留长指甲的女子

保护指甲的宝贝

蓄起长指甲的古人，即使不劳动，指甲也会有损伤的危险。于是，他们制作了长长的指甲套来保护指

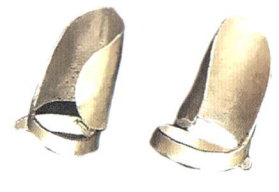

吉林省榆树市大坡镇老河深汉墓出土的金护指

慈禧太后画像　首都博物馆藏

甲。这些指甲套非常漂亮，兼具保护和美观的功能。

我国迄今发现最早的指甲套是汉朝的金护指，是由金属制作而成的。这对金护指随着指甲的弧度而形成一定的弯度，结构简单，纹路单一，但质地比指甲坚硬，能够避免长指甲在磕碰之后出现意外折断的情况。下端的螺旋状结构还能随着手指的变化调节粗细长短。

魏晋南北朝时期，人们把动物的骨、角等硬物制作成稍长的指甲套，用于弹琴时拨动琴弦，保护手指，称作"系爪"。随着工艺的不断进步，指甲套变得越来越精美，成为重要的装饰品。

清朝时，女性戴指甲套逐渐成为宫廷和贵族间的主流审美。据说慈禧太后为了保持指甲的柔韧度和湿润性，每天都会让指甲在温水里浸泡半个小时，然后再佩戴上精致的指甲套进行保护。在许多流传下来的画像或者照片中，我们都能看见慈禧太后手上佩戴着精美修长的指甲套，款式各不相同。

为了尽可能突出佩戴者高贵的身份地位，工匠们开始不断发挥聪明才智，在指甲套上进行精心雕刻，还会选用色彩鲜亮

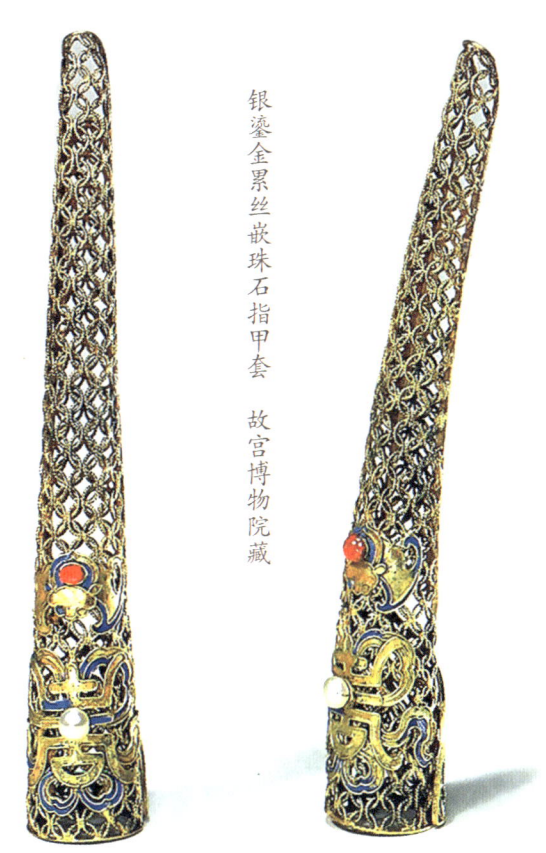

银鎏金累丝嵌珠石指甲套　故宫博物院藏

的宝石来点缀。夏天，工匠们使用白玉做材料，有的还采用镂空工艺，让佩戴者感到清爽透气。这些精巧的设计，既体现了佩戴者的身份地位和审美情趣，也展现了制作者们的创作才华和独具匠心。

　　随着科学技术的进步，爱美的现代人或是选择五颜六色的指甲油，或是选择独具匠心的人工手绘，或是选择简便多样的指甲贴来装饰自己的指甲。等同学们长大了，也可以去体验这种美好！

古代的束腰神器"带钩"

你关注过爸爸妈妈的腰带吗？腰带可是非常重要的，不但能束紧裤子，还能起到装饰、美观的作用。腰带上还有腰带扣来调节松紧，让人们更加舒适。其实，古代同样也有腰带，也有类似腰带扣的"带钩"。小小的带钩在古代发挥的作用还不小呢！

带钩的"简史"

我们的祖先系腰带的历史，可以上溯到新石器时代，穿贯头衣（见56页）时，腰间系的那根绳子就是一种腰带。

中国古代的腰带可以粗略地分为两种。一种是

良渚文化玉带钩　良渚博物院藏

丝绸、布帛等做成的腰带，这类腰带很轻便。贵族一般会用丝绸腰带"绅带"，因此被称为"绅士"；普通百姓则多用麻、葛等布料做成的腰带。丝绸腰带还可作为大型礼仪场合的束腰工具。另一种是用皮革或贵金属等制成的腰带，其中皮革制成的腰带最为常见，称为"革带"。由于皮革不方便打结，因此就要在腰带上加装能够系结的配件，于是带钩就诞生了。

带钩的历史，也几乎和腰带的历史一样长，良渚文化遗址中，就发现了用玉制成的带钩，距今已有4000多年。

夏商周时期，随着黄河流域华夏文明的发展，带钩的材质越来越丰富。春秋战国时期，青铜冶炼技术已经非常成熟，其

错金银犀牛青铜带钩　中国国家博物馆藏

他金属加工技术也有进步,青铜带钩成了当时带钩的"主角",并且造型也越来越美观、精致、丰富多彩,有的还会镶嵌宝石。看这件战国时期的青铜带钩,居然还做成了犀牛的样子!

除了青铜之外,古人还会用金、银、铁、水晶等不同材料做带钩。汉朝开始,玉带钩变得流行起来。当时的带钩形状各异,但是出土的带钩中尤以琴形和琵琶形的比较多。

到了魏晋南北朝时期,人们开始喜欢宽袍大袖式的衣服,带钩的使用逐渐减少,逐渐成了观赏品。与此同时,北方游牧

西汉水晶带钩
南京博物院藏

汉玉带钩　甘肃省文物考古研究所藏

民族带来了更加方便的腰带扣。到明清时期，以玉、翡翠等为材质的带钩基本没有了实际作用，成为文人雅士、王公贵族赏玩的对象。

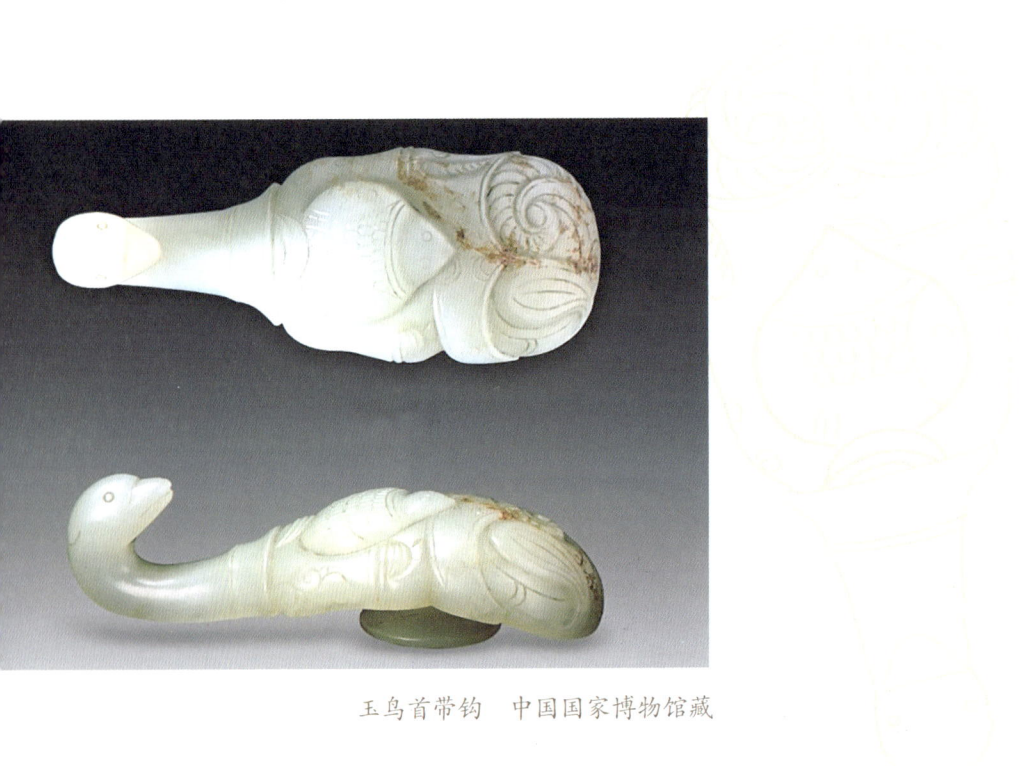

玉鸟首带钩　中国国家博物馆藏

带钩虽小，功能不少

说起带钩的功能，最主要的当然是用来固定腰带、系紧衣服。除此之外，腰带上挂配饰和刀剑，会用到一些其他的挂钩。其中，剑鞘上能把剑挂在腰带上的玉质部件称为剑璏（zhì）。

蟠螭纹玉剑珌　中国国家博物馆藏

另外，有一些带钩上的钮本身是一个印章，这种带钩也叫带钩印，一物可以两用，既是饰品，又是随身的印章。上面可以刻佩戴者的姓氏、生肖或者一些吉祥话与祈福语等。小小的带钩随身携带，需要的时候拿出来一盖，十分方便。

更让人惊奇的是，带钩居然还能救命！这也是古代文献中最有名的关于带钩的记载。春秋时期，齐国国君去世，有继承权的公子纠和公子小白获得消息后，都赶忙从外地往回赶。公子纠的师傅管仲半路拦截公子小白，想用箭射死他，结果只射中了公子小白佩戴的带钩。公子小白假死赶回齐国，当上了国君，他就是齐桓公。齐桓公要不是刚好佩戴了一个带钩，早就命丧在管仲箭下，哪里还有后来率先成为春秋霸主的威风呢？一个带钩"成就"了一段春秋历史，是不是很神奇？

身份与地位的象征

战国到秦汉初期是带钩使用最普遍的时代。西汉的古籍《淮南子》中说，当时贵族们的带钩"满堂之座，视钩各异"，意思是放眼望去，满堂的宾客，腰带上的钩饰几乎没有相同的。

带钩虽小，却是中国传统服饰文化中的重要组成部分。在十分讲究礼仪等级的古代，带钩不仅是日常生活的需要，更是身份地位的象征。尤其王公贵族、社会名流所用的带钩一般都很精美，采用了当时最好的材料、最先进的工艺、最时髦的设计，具有非常高的工艺水平和艺术价值,代表着当时的时尚。当然,那时候的王侯之钩、官宦之钩、百姓之钩,也分得清清楚楚。

这一时期的带钩千姿百态、争奇斗艳,与"百花齐放,百家争鸣"的大环境分不开。小小的带钩,不但反映了古人的生活细节和技术进步,也反映了当时的文化和思想状况,让我们能够了解其背后所蕴含的历史密码。

鞋子的千年之旅

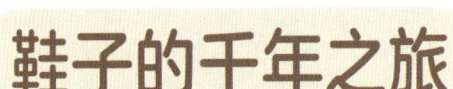

运动鞋、休闲鞋、雪地靴……现代人穿的鞋子五花八门,一个人可能有好几双鞋。然而你知道我们的祖先是什么时候才开始穿鞋的吗?他们是不是也像我们一样有各种不同的鞋呢?

从兽皮裹脚到长靴御寒

我们的祖先很早就知道"千里之行,始于足下"的道理,所以他们为了保护自己的脚,不断开动脑筋。

考古专家认为,远古时代,原始人为了防止走路时被硬物硌伤,一开始是用树皮或者大的树叶来裹脚的，后来才学会用绳子和木板做成原始的木屐（jī）来穿，或者把兽皮裹在脚上，用细皮条绑紧来保护脚。这些裹着脚的兽皮被人们缝缝补补，经过了漫长的时光，终于变成了最早的"鞋"。

根据历史考证，我国境内迄今发现最早的木屐是浙江省宁波市慈湖遗址出土的距今5300多年的慈湖木屐，迄今发现最早的鞋子是在新疆维吾尔自治区出土的约4000年前的羊皮靴，迄今发现最早的靴子造型彩陶器是在青海省海东市乐都区发现的3000多年前的辛店文化彩陶靴。

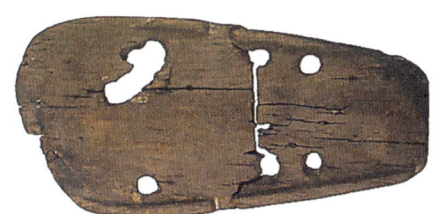

慈湖木屐　宁波博物院藏　　　　　辛店文化彩陶靴　青海省博物馆藏

除了用兽皮做靴子，人们也会用草编的绳来做草鞋。比如孟子就曾说，上古时代，舜帝把掌管天下的权力当作草鞋一样，以此赞扬舜帝不贪恋权力。可见草鞋当时就已出现,而且还是非常不值钱的东西。

夏商周时期,鞋子被称为屦（jù）、履（lǚ）。随着人们学会纺纱、织布,鞋子的材料也变得多样化起来,除了用木头、皮革做的鞋子,麻布鞋、丝绸鞋也开始出现了,被称为"麻履""丝履",它们的基本样式一直延续到了明清时期。

秦麻履　里耶秦简博物馆藏

西汉丝履　湖南博物院藏

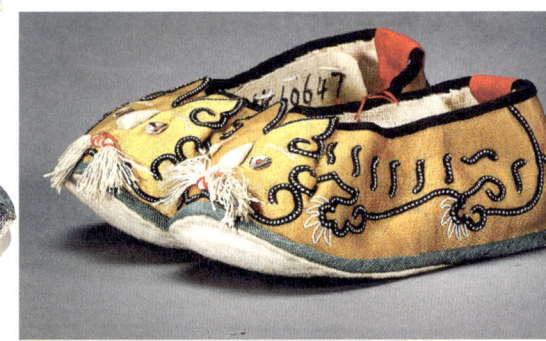

唐蓝色如意鞋
新疆维吾尔自治区博物馆藏

清黄色缎钉线虎头小夹鞋　故宫博物院藏

古代的游牧民族最喜欢的鞋是靴子。因为长筒的靴子能够在人骑马奔腾时起到更好的防风、防摩擦的作用。战国时期,赵武灵王为了提高军队的战斗能力,向游牧民族学习,也引进了一种短筒靴。我们在秦始皇陵兵马俑中,就能从兵俑的脚上看到这样的靴子。

从隋唐开始,靴子的地位在中原地区得到了极大提升。隋朝正式将靴子列入了官吏的常服中。到唐朝时,女子也流行穿靴子。清朝时,靴子进入了"全盛发展期"。作为马背上的民族,清朝的统治者从未忘记祖先骑马射猎的习俗。这一时期,靴子的样式、工艺都有了较大发展。

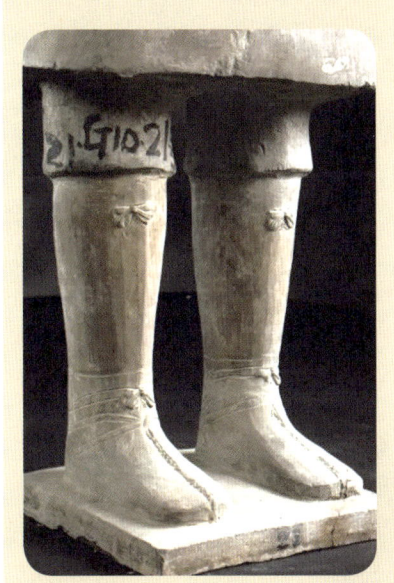

秦始皇陵兵俑脚上的短靴

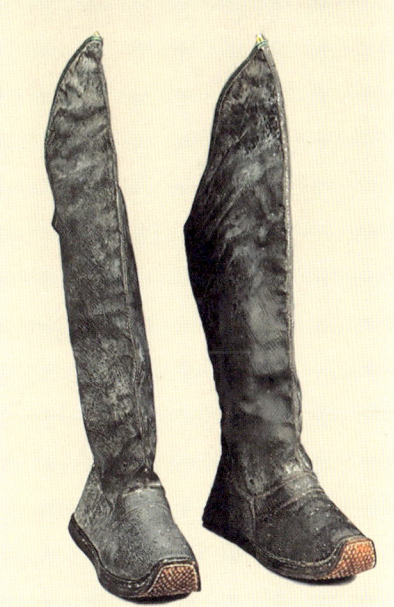

清皇太极皂靴 故宫博物院藏

不分左右脚

悄悄告诉大家一个有趣的"秘密",上下五千年,虽然每个朝代的人穿着各具特色的鞋子,但有一点是相同的,那就是他们的鞋子都不分左右脚!这种不分左右脚的鞋子在古代叫作"正脚鞋",也叫"直脚鞋"。

最令人不可思议的是,我国一直到1876年才"诞生"了第一双分左右脚的鞋,那是上海一位鞋匠师傅做出的现代皮鞋。大家是不是很难理解古人是如何忍受鞋子不分左右脚混穿的呢?其实,古人鞋子的材质是皮革、布帛、丝麻等,都比较柔软,鞋子的尺码也普遍偏大,因此就算左右脚混穿也不会不舒服。

当然,古人穿鞋不分左右脚的原因有很多种说法,大多数与古人忌讳穿式样不一致的"阴阳鞋"有关。有意思的是,古人穿鞋虽然不分左右脚,但买鞋的时候通常只试左脚,如果左脚刚好合适,就不再试右脚了。这其实与人体结构有关,通常人的左脚会比右脚稍微大一些，古人也很聪明，发现和总结了这个"规律"。下次你买鞋的时候，不妨先用左脚试，看看自己的脚长得是否符合上面的"规律"。

木屐与"花盆底"

慈湖木屐是我国迄今发现的最早的木底鞋。木屐取材方便，成本还不高，深受劳动人民喜爱。木屐采用纯天然材料制作，工序简单，也符合古人追求自然的心理，所以文人雅士十分钟爱木屐。《太平御览》《晋书》等古籍中就记载了孔子穿木屐的故事。

到了魏晋南北朝时期，文人雅士逐渐开始追求不羁的风格，木屐越来越受欢迎。相传，著名诗人谢灵运为了方便游山玩水，就在木屐底上安装了两条屐齿，这样登山的时候就非常轻松。后世很多文人，如宋朝的苏东坡就很喜欢穿这种木屐。

三国孙吴漆木屐
马鞍山市博物馆藏

《东坡笠屐图》（局部）
广东省博物馆藏

岁月更迭，到了明清时期，日常家居用的木屐大多已经没有了屐齿。清朝宫廷中的满族女性大多穿一种花盆底鞋，这种鞋因鞋底是木质高跟的，像个倒扣的花盆而得名。这是满族特有的一种绣花鞋，鞋尖处有用丝线编成的穗子，鞋帮上有刺绣的纹样。有人认为，花盆底鞋是满族先民"削木为履"习俗的反映，也吸收了木屐的很多特点。这种花盆底鞋是中国鞋履史上一道独特的风景线。

关于这种鞋的起源也有很多说法，一种说法认为满族妇女爱穿遮脚面的旗袍，这种鞋既能让旗袍遮住脚面又不至于让旗袍的下摆拖地。还有一种说法认为满族先民需要经常上山，为了防虫就在脚底绑上厚厚的木块，后来慢慢演变成了花盆底鞋。

月白色缎绣花卉料石花盆底鞋　故宫博物院藏

麻履、丝履、布鞋、靴子、花盆底鞋……中国古代的鞋子五花八门又各具特色，展现了古人不同时期的审美追求，也展示了中华民族长期的文化发展和积淀。可以说，鞋子既是劳动人民智慧的结晶和艺术的升华，也是几千年传统文化精华融合的产物。

一步一摇的美丽头饰

一步一摇，顾盼生姿。古装影视剧中，女子头上那种闪闪发亮、走起路来便会摇摇晃晃的头饰，想必大家都看过。实际上，这是我国古代女子头饰中一道不可或缺的风景线——步摇。这个名字是不是很贴切呢？这种头饰可不只是好看那么简单，其中还蕴含了很多礼仪方面的知识。

贵族的专属美饰

步摇是我国女性的传统头饰，每一款都那么漂亮且独特，有的有垂下来的流苏或坠子，戴着走路一步一摇的，极其优雅；有的用金属丝做成"枝条"，末梢还有树叶、花朵、珍禽、瑞兽等，叫作步摇花，也是一步一摇，非常好看。

有专家认为，垂着流苏或坠子的步摇是从固定头发的簪子演变而来的。山西省襄汾县陶寺遗址中曾经出土了一件距今4000多年的玉骨组合簪，和步摇是不是很像呢？

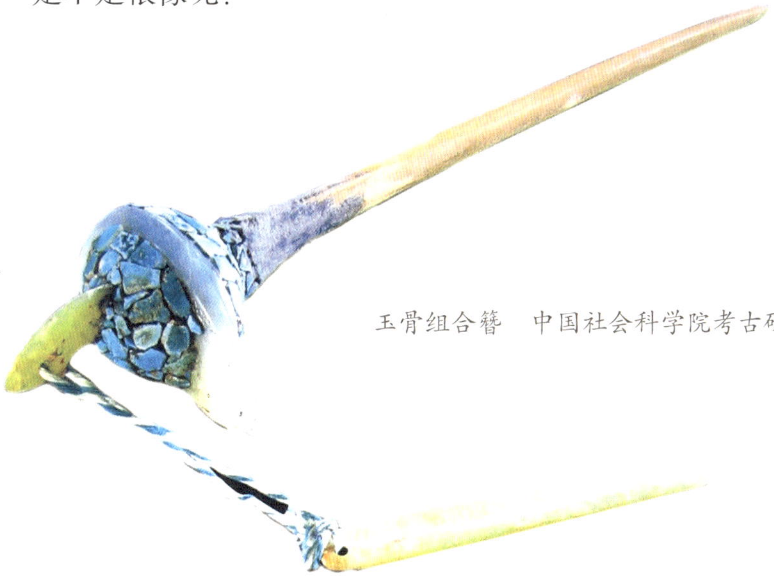

玉骨组合簪　中国社会科学院考古研究所藏

1000多年前的五代时期的《中华古今注》中说，"殷后服盘龙步摇……以其步步而摇，故曰步摇"。意思是商朝王后就佩戴步摇了。不过，这个说法的真实性还需要得到考古资料的证实。

我国现存最早关于步摇的文字记载，来自2000多年前战国时期宋玉的辞赋中，其中有"垂珠步摇"的说法。过了几百年，汉朝时步摇迎来了它的"大流行"，当时的贵族女性特别喜欢戴着玉、珠等材质的步摇来彰显自己的魅力。如果你有机会去欣赏一下马王堆一号汉墓的帛画，会发现那上面的女主人头顶就斜插着有"枝条"的珠花步摇。这是迄今我国发现的最早的步摇画样。

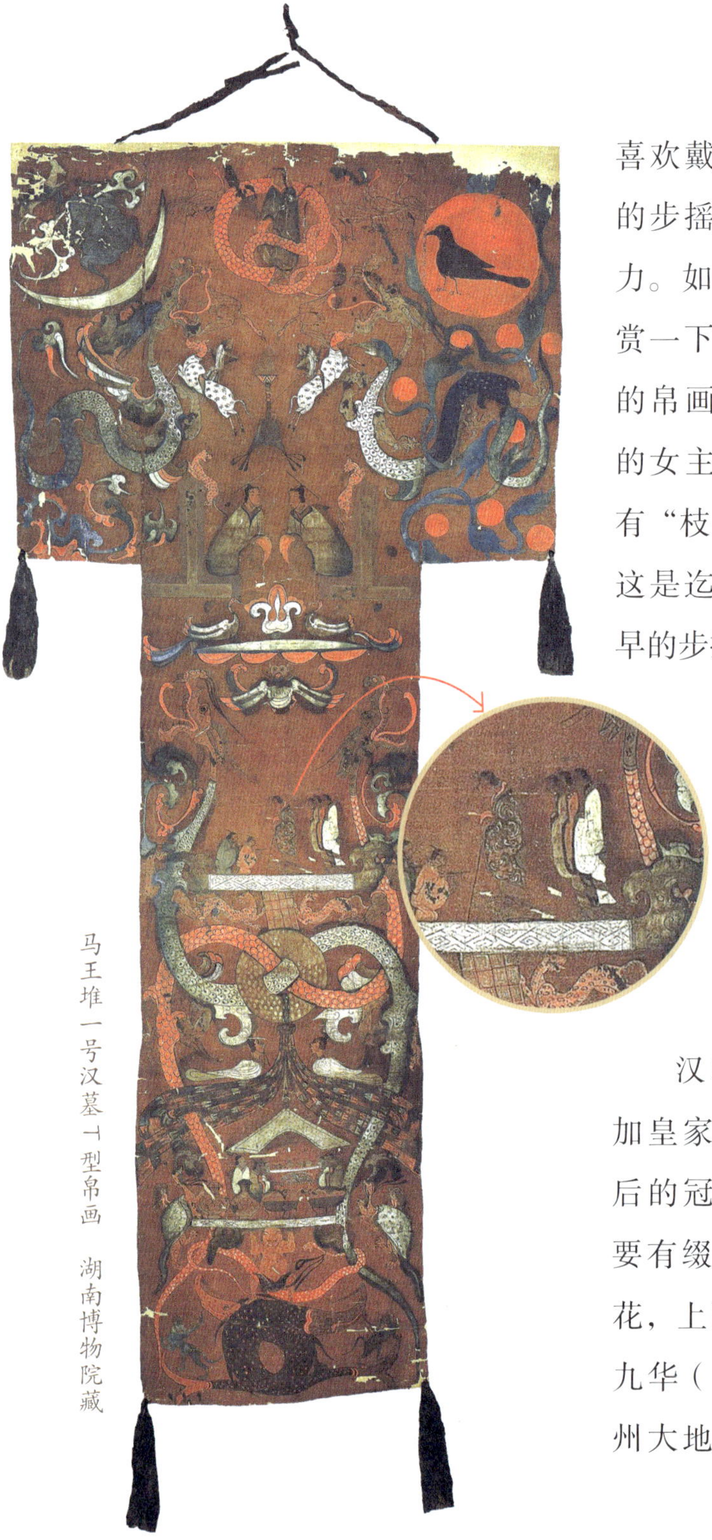

马王堆一号汉墓T型帛画　湖南博物院藏

汉朝还规定，在参加皇家祭礼活动时，皇后的冠上要有黄金，还要有缀挂了珍珠的步摇花，上面有"一爵（雀）九华（花）"，象征着九州大地。戴着这样的步摇花，既展现了皇后头饰的华美，又体现了皇权的至高无上。

甘肃武威出土的东汉步摇花，有一鸟七花

作为头饰的一部分，从两汉到南北朝时期，金步摇花不仅在中原地区非常受欢迎，在少数民族地区也深受喜爱。比如下页这两件北朝时期鲜卑族的步摇，一方面是黄金材质，另一方面有牛、马、鹿等元素，展现了游牧民族的特色。

牛头鹿角形金步摇
中国国家博物馆藏

马头鹿角形金步摇
中国国家博物馆藏

当然,那时的步摇一般只有宫廷中的女子或者达官显贵才能使用,一是因为制造步摇的材料都比较昂贵,二也体现了统治者的特权和礼制的严格。比如魏晋时期,步摇一度被当作禁物,如果不是皇室贵族,根本无法接触到步摇。

"云鬓花颜"的唐宋步摇

唐宋之后,工匠们制作步摇花,取材更加贵重,工艺更加精湛,步摇花的造型也更加优美典雅。例如,他们会把细金银丝做成螺旋式的枝条,如同弹簧一样插在金质底座上,然后在顶端缠上花叶,缀上珠玉,这样一来,步摇花整体的色彩更加协调，明亮动人，给人一种落落大方之感。唐朝诗人白居易曾在叙事诗《长恨歌》中这样描述杨贵妃："云鬓花颜金步摇，芙蓉帐暖度春宵。"

唐朝《簪花仕女图》中的"云鬓花颜金步摇"形象

宋朝的步摇款式很多，工匠们新创了不少花样。比如南宋纸本画《明皇击球图》中，那名女子头的一侧佩戴的步摇就比之前的步摇更加精美。这种步摇一般是对称的，正常情况下，头的另一侧应该也有一支，样子看起来像弯月，下边有坠子，色彩明亮鲜丽，给人的感觉更加典雅。

想象设色图

《明皇击球图》（局部）　辽宁省博物馆藏

除了白居易的诗句，唐宋时期描写步摇之美的诗词还有很多，说明这个时期步摇已不再只有达官显贵才能佩戴，而成了人人可以佩戴的头饰。这个时期，丝绸之路上贸易繁荣，步摇也不断向少数民族地区传播，甚至传入了朝鲜半岛以及日本，对当地文化产生了深远影响。

富含文化韵味的步摇

明清时期，我国古代饰品的制作工艺水平达到了高峰，制作材料和种类也更加多样。清朝时，带有坠子的簪钗状步摇有了更有趣的称呼："流苏"或"挑子"。由于皇室的喜好，这时候的步摇多以翡翠、琉璃为主要材质，有时甚至用各种宝石加以点缀。康熙、乾隆两位皇帝在位时，社会经济有较大发展，工匠们一个个"赶超比拼"，设计漂亮的头饰，翠、玉材质成为清朝步摇的一大特点。

你听说过俗语"元日簪梅"吗？意思是在春节这一天，女子通常会在鬓边插上梅花。明清时期，簪花的习俗虽然不再盛行，但却在步摇等头饰上有所体现。梅花象征着高洁、自强，还有幸福圆满、吉祥如意的寓意，所以春节时女子在头上戴上有梅花元素的步摇，真是再应景不过了。

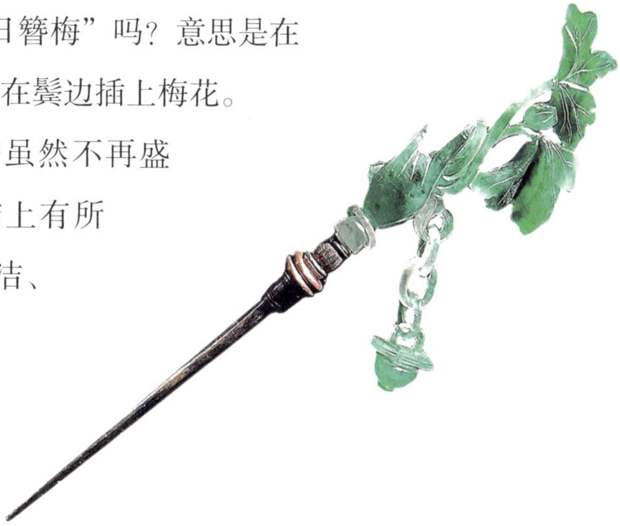

雕手把花叶游环花篮翡翠步摇　沈阳故宫博物院藏

不过，明清时期对女性礼仪方面的要求也很高，步摇竟又有了衡量女性仪态的作用。当时的人们认为，如果女性头戴的步摇摇动幅度过大，上面的坠饰叮咚作响，就是仪态不好的表现，并且，民间佩戴的步摇，也只能是银质或者镀金的。

不管怎样，不断发展、越来越精致漂亮的步摇蕴含的是古人对美好生活的憧憬与向往。饰品中的细致之美带给了佩戴者愉悦感，步摇中蕴含的文化韵味，也值得我们去了解、去感受。

小梳子，大文化

每天早起，洗脸刷牙梳头发，这一套流程相信你再熟悉不过了。但梳头发时，看着手里的梳子，你的脑海里是否浮现过几个小问号：梳子是谁发明的？它是在什么时候发明的？古代的梳子也长这样吗？

从古到今，从竖变横的梳子

关于梳子的由来，中国民间流传着两个说法。传说之一是赫廉造梳。相传赫廉是炎帝的手下，曾经把兽骨雕刻成五指形状来梳理头发，后来他被黄帝封为制梳业的始祖。

另一个传说则是方雷氏造梳。方雷氏是黄帝的一位妃子，由于缺乏适合的工具，她打理头发很不方便。有一天，方雷氏煮了几条大鱼吃，吃完鱼后，她看到鱼骨上的鱼刺排成一排，特别细密，就灵机一动用它梳理起头发来，结果乱蓬蓬的头发一会儿就梳理好了。后来她就让工匠按照鱼骨的形状，用木头制作了一件工具，由此便诞生了第一把梳子。

当然，以上都是传说，事实究竟如何并无确切的记载。但是在与传说中的黄帝时代同期，我国确实已经出现了梳子。1959年，文物部门曾在山东省泰安市的大汶口遗址中发现了一把镂雕旋纹象牙梳，这把象牙梳是迄今发现的原始社会时期保存

镂雕旋纹象牙梳
中国国家博物馆藏

玉梳
中国社会科学院考古研究所藏

云纹玉梳
湖北省博物馆藏

最为完好的一把梳子，距今已有约6500年的历史了。

其实，古代的梳子样式可多啦！商周时期的梳子造型丰富，"凸"字形的梳子最常见，梳面上一般还刻有精美的云雷纹、几何纹等。材质有玉、骨、木、竹等，木质或竹质梳子易腐朽，所以那时候留下来的梳子大多是玉质和骨质的，比如殷墟妇好墓中出土的这把玉梳。专家认为，这种梳子也可以作为头饰，插在头发里固定发型。

从战国到秦汉时期，人们的喜好变了，梳子形状也变了，大多呈上圆下方的马蹄形，梳齿更加均匀，花纹也更加精美，体现了当时工匠的高超技艺。那时候，人们喜欢用梳子固定头发，梳子的这一用途到唐宋时期被"发扬光大"。

唐朝时，人们竟然开始用黄金制作梳子，有的梳子上还镶嵌着精美的宝石，雕刻有复杂的花纹，看起来颇为奢华。这一时期，梳子的外观开始变横、变扁。

到了宋朝，女性在发中插梳的习俗依旧十分盛行，

嵌宝象牙金背梳
西安曲江艺术博物馆藏

荷花纹玉梳
南京市博物馆藏

这时的梳子以玉梳为主，各地博物馆的玉质梳子中，有很大一部分是宋朝的。宋朝以后直到明清，梳子的式样基本固定下来，没有再发生较大改变。

梳出健康，梳出文化

古时候的大部分朝代，无论男女都留着长长的头发，因此在日常生活中，梳子的身影几乎随处可见。古人对梳子的材质十分讲究，会根据不同的头发状态，选择不同材质的梳子。比如《礼记》中就有记载，君子梳理刚洗过的湿发要用白理木（古书记载中的树木，又叫桦树，木质洁白坚硬，可制作梳子、勺子等器物）做的梳子；干发容易滞涩打结，要用质地细腻的象牙梳。此外，梳子在古代婚嫁中是十分重要的物品，寄托了人们对美好生活的期待。

一开始，人们用梳子来梳理头发，后来逐渐发现梳头似乎和养生保健有一定的关系。比如，唐朝的"药王"孙思邈提出"发常梳"的养生建议。南宋著名诗人陆游活到了85岁高龄，这在当时是十分罕见的，他有一个非常好的习惯便是常梳头，还留下了"意闷发重梳"的名句，通过梳头来排解烦闷的心情。

明朝时的养生著作《摄生要录》中，也提到"发多梳，（可）去风明目"，意思是经常梳头能够改善眼部健康状况。古人常把发质好坏视作一个人健康与否的标志。到了现代，随着科学知识的普及，人们知道了梳子特殊的密齿结构可以刺激头皮神经，促进头皮新陈代谢和血液循环，所以勤梳头可以提神醒脑、预防疾病。

华夏文明无数光辉璀璨的文学作品中，有很大一部分灵感来源于生活用品,梳子就常常出现在诗词中,除陆游之外,唐朝的诗人白居易,文学家元稹、温庭筠,宋朝文学家苏轼等人,都曾经借用梳子来表达不同的心声。元稹在《恨妆成》一诗中有"满头行小梳"的句子,也表现了唐朝妇女发上插梳的习俗。

其实在古代,梳子还有一个"双胞胎姐妹",叫作篦(bì)子。梳子的齿比较稀疏,篦子的齿则更多而密。梳子主要用来梳理头发,篦子则以清洁头发为主,古代卫生条件有限,用细密的

战国篦 湖北省博物馆藏

篦齿可以清理出头发中的寄生虫。

　　一把小小的梳子是古人智慧的结晶，承载着他们对美的追求、对美好生活的向往，同时也体现了他们的保健意识，蕴含了深厚的文化内涵。知道了这么多，当你再拿起梳子梳头的时候，感觉是不是也不一样了呢？

古人化妆的"秘密武器"

现代成年女性"画"上精致的妆容，不仅是为了好看，也是社交礼仪的需要，当然也有保养肌肤的作用。说起古人化妆，花钿妆只是其中小小的一部分。古人在美容养颜方面早已形成了自己的体系和方法。我们生活中常见、常用的洗面奶、面霜、面膜等，在古代都能找到它们的影子。那么，古人装扮自己到底有哪些"秘密武器"呢？我们不妨"复原"一个"简易版"古人化妆流程，看看他们都会用到哪些"秘密武器"吧！

秘密武器之一：洗面奶

每天清晨或者晚上，我们大都需要用洗面奶清洁面部，这是因为人的皮肤每时每刻都在分泌油脂，如果不清洁干净，有可能造成毛孔堵塞。

而古人最早"发明"的洗面奶，可能是淘米水！

他们发现，淘米水中的碱性成分可以去除污垢。记载先秦时礼仪的古籍《礼记》中说，如果脸脏了，就用淘米水洗脸。当然，他们也会用植物皂荚来洗脸。

有一种说法认为，到了东汉时期，古人发明了澡豆来洗脸、沐浴。这种澡豆是用豆粉、皂荚以及其他药物制作而成的，有的澡豆中还会加入猪的胰腺，去垢能力更强。魏晋南北朝时期，澡豆很珍贵，是皇室人员专用的，到了唐朝时，澡豆已经成为贵族必备的美容化妆用品。宋朝时，澡豆的制作工艺大大提升，人们在其中加入了许多名贵的香料，还将其制成橘子大小的样子，称为"肥皂团"，又因为在宫廷里使用，所以也叫"香宫皂"，这估计就是现代香皂的雏形啦！明清时期，"香宫皂"的工艺更加精湛，天然纯碱替代了豆粉，在研磨猪胰腺的过程中，还加入了砂糖、动物脂肪等，最后做成球状或块状，称为"胰子"或"香胰子"。据说清朝的慈禧太后除了使用香胰子，还有自己的"定制款"洗面奶呢。到了20世纪

皂荚

初期，清朝的宫廷中出现了用西洋技术生产的新型香皂。

秘密武器之二：脂粉

用"洗面奶"洗完脸后，古人装扮自己的下一步就是涂抹"润肤霜"。古人称之为"面脂"，意思是润面的油脂。面脂能够起到保持面部水分、使皮肤细腻柔滑的作用。

在先秦古籍《诗经》《韩非子》中都有关于面脂的记载。我国已知最早的面脂，出土于陕西省渭南市一座春秋时期的芮（ruì）国墓葬中，这种面脂是用牛脂做原材料的。有意思的是，墓主人竟然是一位男性贵族。

"新茶花"香皂　故宫博物院藏

陕西考古博物馆藏　芮国墓葬中的铜罐及面脂

南北朝时期有一本农学著作，叫作《齐民要术》，里面详细记载了面脂的成分、各成分的比例和制作步骤。唐朝之前，面脂几乎都是白色的，到了唐朝，出现了彩色的面脂，有紫、红、绿等不同颜色，在滋润皮肤的同时还能调整肤色呢，和现在的彩色隔离霜有几分相似。宋朝以后，根据不同的功效，面脂有了更明确的"分工"，去皱、祛痘、美白等不同功效的面脂纷纷面世。

涂抹完"润肤霜"，还需要抹粉。这两个步骤是连在一起的，所以古人把"脂粉"两个字合称来代表女性。粉，就是妆粉，大约在战国时期就已经出现了。汉朝的《说文解字》中说，粉是用来敷面的。从字形看，粉和米有关系。而妆粉最初就是用米粉做成的，功能类似于现代的粉底，目的是均匀肤色，使面部看起来更加白皙光滑。《齐民要术》中还详细记录了以米粉为原料的妆粉的制法呢。不过，这种妆粉有一个缺点，就是很容易脱妆，因此秦汉以后，人们又发明了用重金属铅为主

铜镀金四方委角粉盒　故宫博物院藏

要原料的铅粉,也称为"铅华",其中包含了锡、铝、锌等化学物质,制作工艺当然也比用米粉做的妆粉复杂得多。这种铅粉粉质更加均匀、细致,美白效果也更持久,大受欢迎,逐渐取代了以米粉为原料的妆粉。明朝时,除了铅粉,古人还发明了水银粉、"珍珠粉"(其实是用紫茉莉花种子中提取的物质制成的)等。但古人在很长一段时间内并不知道铅粉、水银粉等毒性很强,更不应该将它们抹在脸上。

秘密武器之三:胭脂和黛

抹完妆粉,就到了古人的装扮非常关键的一步,那就是涂抹腮红和口红。古人涂腮红用的是"胭脂"。西汉时期,汉武帝派张骞出使西域,张骞带回来大量西域特有的生活用品,其中就有胭脂。专家研究认为,古代所谓的"胭脂",实际上是用一种名为"红蓝"的花朵制成的。这种花的花瓣中含有红、黄两种色素,开花时将整朵花摘下,反复捶捣,挤去黄汁后便可得到较为纯净的红色染料。此外,据说石榴花也可以用来制作胭脂。把胭脂涂到两腮或者口唇,人看起来会更加红润健康,这就是古人的"腮红"和"口红"了。

除了上面这些,古人对"画眉"也情有独钟。战国时期画眉的工具有些原始简陋,大多是烧焦的柳枝,后来人们发现了一种叫"黛"的黑色矿物,开始用它做颜料来画眉毛。古人把黛磨成细粉，然后用水调和，拿眉笔蘸料画到眉毛上，效果非常不错呢。屈原在《楚辞》中还描述了黛。后来，人们把黛加工成黛块，可以直接加水化开使用，更加方便。

古人画的眉形也多种多样，有新月眉、远山眉、细娥眉等。据说唐玄宗曾经让画工画了《十眉图》来记录漂亮的眉毛。这些眉形随着朝代更迭而变化，充分体现了古人不断变化的审美观念。

有着细细娥眉、淡淡腮红的明成祖皇后像

秘密武器的"住处"

介绍完古人装扮的"秘密武器",我们再来了解放置它们的"家"——妆奁(lián)。妆奁通常有多个抽屉,还有隔断,可以放置妆粉、胭脂、篦梳等梳妆用品。

据专家考证,在西周之前,妆奁就已经出现了。那时的妆奁,材质大多是陶或铜,风格比较古朴。战国时期,人们制作了漆器妆奁,湖北省荆门市一座战国楚墓中就出土了一件彩绘人物车马出行图圆奁,它是目前发现的较早的完整妆奁,上面的人物车马出行图是我国目前发现的最早的有情节的绘画。

彩绘人物车马出行图圆奁 湖北省博物馆藏

象牙雕花镜奁　故宫博物院藏

秦汉时期，人们又制作了双层甚至多层的妆奁。魏晋时期，妆奁和镜台"组团"，成了"密不可分"的梳妆工具好伙伴。随着陶瓷工艺的进步，瓷器妆奁也开始进入普通家庭，当然，贵族们还是更喜欢漆器妆奁。到了唐宋时期，妆奁无论是款式还是工艺，都不断推陈出新，越来越精致。明清时期的妆奁工艺达到了高峰，此时的妆奁是工匠们智慧的结晶，已成为集实用性与观赏性于一身的工艺品。

看完这些，你对古人装扮自己的"秘密武器"是否有了一定的了解呢？你一定会忍不住赞叹古人的审美眼光和智慧。虽然还不到需要化妆的年龄，但我们也要向古人学习，注意自己的仪容仪表，搞好个人卫生哟！

小小衣领，大大胸襟

小学生每天上学都会系红领巾，而且很容易就能系好，如果没有大幅度的动作，红领巾可以一整天在胸前保持固定形状。红领巾"不动"的秘密是什么呢？原来是衣领的功劳——拉好上衣的拉链后，衣服的翻领稳稳当当地压住了红领巾。那么，是不是只有现代才有这样翻领的衣服呢？古代人能不能系好红领巾呢？

华夏祖先的衣襟

新石器时代，我们祖先衣服的主要样式是下页图这样的"贯头衣"：把两块比较窄的布缝在一起，上边中间留一个口，露出脑袋，两边留口露出胳膊，腰上再系紧一条绳子，这就是一件衣服，非常简单。

贯头衣

青铜跪坐人像　三星堆博物馆藏

这种无领无袖的简单样式，到现在也很时髦，你是不是想到了妈妈衣柜里漂亮的连衣裙呢？另一种男子常穿的短衣更简单，作为上衣，胸口处甚至都不用缝合，看起来已经有点儿对襟衣服的意思了。

贯头衣作为原始服饰样式之一，奠定了中国传统服饰的基础。胳膊处加长就有了袖子，加上领子、前边开襟就成了袍子，下边合裆就成了裤子……但贯头衣显然没有用来压住红领巾的"领子"。

衣领和衣襟是中国古代服饰最具有辨识度的部分。现在同学们校服的衣襟是衣服前面拉链两边的地方，中间分开，左右相对。古人的衣襟可不是这样的，他们的衣襟很长，就像医生的白大褂一样长，通常是左边衣襟在前，向右腋下系带，把右襟盖起来，这种装束方式就是右衽，样子像小写的英文字母"y"。右衽出现的时间非常早，在距今约3000年的三星堆青铜人像上，就出现右衽的装束了。有右衽，自然也有右边衣襟在前、向左边系带的左衽，这个等会儿再细说。

古代领襟的"中国范儿"

为了适应右衽和左衽，古人脖子两边连着衣襟的衣领，也在身前左右相交，这种领子被称为交领。在魏晋南北朝之前，中原人民大多穿交领右衽的衣服。到了魏晋南北朝民族大融合时期，圆领、对开襟等样式的衣服越来越多，从三国孙吴时期的这组既有交领右衽，又有圆领和对开襟的青瓷伎乐俑就可以看出来。

青瓷伎乐俑群　六朝博物馆藏

到了隋唐时期，中原文化大繁荣，各民族之间的交流以及东西方之间的交流都变得十分频繁，服饰风格也更加多样，大家就算一天换一种衣服，也可以一个月不重样呢！

就像唐朝的这两件三彩陶俑所表现的一样，此时女子的衣领有了低领，男

三彩釉陶胡服牵马俑
中国国家博物馆藏

三彩梳妆女坐俑
陕西历史博物馆藏

子外衣的领口不但变圆了，还外翻了，当然，后来慢慢变成以圆领为主。这时，有外翻衣领的衣服，戴红领巾应该就比较容易了。

从宋朝到明朝，中原的衣着风格总体上保留了唐朝的形式。男子

的外衣，尤其是官员的外衣均以圆领袍为主；女子的外衣衣领逐渐保守，由低领转为立领，逐渐将颈部包了起来。但不管怎么变，右衽这种样式一直存在，而且，在圆领袍外衣下的里衣，一般也都是交领右衽的。

爱动脑筋的你是不是该问了，上面这些衣服，怎么和电视剧里那些格格、阿哥穿的不一样呢？因为那些格格和阿哥都生活在清朝呀，他们穿的衣服有着非常鲜明的民族风格。比如清朝乾隆皇帝的皇孙福晋（皇孙的夫人）穿的这件女夹袍，就极具特色。清朝人穿的马褂儿、旗袍的样式虽然好像和之前朝代的衣服有很大差别，但仍然主要是右衽的形式。

葱绿八团云蝠妆花缎女夹袍 故宫博物院藏

交领右衽的讲究与道理

与古代的中原人民主要穿交领右衽的衣服不同,边疆民族会穿左衽的衣服,这是为什么呢?有人认为,这是生活方式的不同导致的。一种说法是,生活在中原农耕地区的人穿右衽的衣服,便于他们在耕作的间隙用左手拿着工具,右手解开衣襟散热。还有的人说,古时候的边疆游牧民族多穿左衽衣服,因为左衽衣服便于他们拉弓射箭。

上面的说法到底有没有道理,众说纷纭,但是古人对于左右尊卑的一些说法,或许可以为我们回答穿右衽还是左衽的问题提供一些启示。我们的祖先很早就形成了面南背北建造房屋的习俗,这样太阳总是从左手边的东方升起,从右手边的西方

落下。人们认为东方为"阳",西方为"阴",因为更加重视"阳",渐渐产生了以"左"为尊的习俗。这样的习俗体现在衣襟上,便是左襟压住右襟,阳面在上,阴面在下,形成了"y"形。

久而久之,在中原地区,与右衽相反的左衽便成为不吉利的象征,但生活在边疆的民族这种观念并不强烈,衣服是左衽的就不奇怪了。当然,随着各民族交流越来越频繁,左衽和右衽的习俗也在互相转换。例如,在魏晋南北朝时期,各民族文化大融合,汉人的衣服中出现过左衽;蒙古人建立元朝后,受汉文化影响,服饰也改成了右衽。

当然,对于现代人来说,左衽与右衽都是中华民族传统文化中的一部分,不存在高低贵贱之分。对襟、圆领、左衽、右衽……这些服饰样式的融合发展,反映了包容、平等的精神。小小的衣领,显示出中华民族大大的胸襟。因此,今天所有的中华儿女才能像石榴籽一样紧紧拥抱在一起,共同将我们的优秀传统文化发扬光大!

饮食之乐

吃火锅，古人是认真的

火锅是中国人独创的一种美食。无论是寒风凛冽的冬日，还是烈日炎炎的夏天，一家人围坐在一起，热热闹闹"吃着火锅唱着歌"，都是非常美好的事情。其实，不但现代人喜欢吃火锅，几千年前的古人也非常喜欢！火锅为中国人的美食文化增添了一种带着热气和香气的团圆味道……

温鼎就是火锅

如果告诉你，我们的祖先可能在4000多年前就已经吃火锅了，你是不是会惊掉下巴？

据考证，在新石器时代，确实已经出现了"火锅"。1989年，人们在南京市高淳县固城镇（今高淳区固城街道）的朝墩头遗址发现了一件距今4000多年的生活用品——四足双层方陶鼎。

这件已经残缺的陶鼎分为上下两层，根据现有的外观形状，专家们分析，古人可能是在陶鼎的上层放置食物，下层放置炭火来加热食物。这种能加热的鼎，叫作温鼎，这件温鼎就是最早可以考证到的火锅了。

四足双层方陶鼎

除了温鼎，考古工作者还在四川三星堆遗址发现了一件像火锅的器具——有3000多年历史的陶三足炊器。这件器皿上面的盘子可以盛水、放食物，下面的三足是中空的，与口部相通，容水量很大，足下

陶三足炊器　三星堆博物馆藏

有盘鼎　故宫博物院藏

兽面纹青铜温鼎　江西省博物馆藏

面可以生火加热。用这样的"火锅"加热食物,看起来就很方便。

当然,"陶火锅"看上去还是略显简陋了。到了商周时期,更加精致和美观的青铜温鼎出现了,"火锅"终于进入了铜锅时代,比如这件西周的有盘鼎就是如此。它的造型看上去和现在的小火锅很像,鼎下有托盘可以盛放炭火,火源与菜品就能同时摆放在桌子上了,人们可以边热边吃。从容量上来看,这件鼎盛满菜够一个人食用。在古代分餐制下,一人一个的小火锅,真是既美观又卫生!

商周时期还有一种封装式的温鼎,是在一件完整的鼎中做了能够加热的夹层,甚至还有可以加炭的小门。

古人在吃这件事上，可太用心了！

不过，这种比较精致的"铜火锅"在当时是很珍贵的，只有王公贵族才能使用，直到春秋战国时期，火锅才逐渐走入平民百姓家中。

古人的"时尚火锅"

喜欢吃辣的同学可能听说过重庆火锅和"九宫格"火锅。其实早在2000多年前的西汉时期，中国人就发明了类似的"锅"。比如，江苏省盱眙（xū yí）县的大云山汉墓中就出土了一件分格鼎。这件分格鼎造型别致，内部有五个小格子，将

我是"五宫格"火锅！

铜分格鼎　南京博物院藏

鼎分成五个不同的空间，可以将不同的食材放在不同的格内烧煮，避免了不同味道的料汤串味儿，这和我们今天的鸳鸯锅、"九宫格"火锅是不是有着异曲同工之妙呢？

另外，在西汉时期，还有一种染器十分流行。什么是染器呢？中国古代称酱料一类的调味品为染，染器就是加热染的食器。当时的染器一般由盘、炉和耳杯三个部分组成，耳杯中放调味的料汁，用炉子加热调味料汁之后，把煮熟的白肉放到耳杯里蘸料吃。和小火锅相比，这种染器更像是现在的涮锅的雏形。

青铜染器　中国国家博物馆藏

三国时期，魏国的皇帝魏文帝曹丕就是一个不折不扣的火锅爱好者。他为了能同时吃到不同口味的火锅，就让人铸造了"五熟釜"，顾名思义，就是将一个锅底划分为五个区域，各个区域的汤底互不影响。曹丕不仅自己使用"五熟釜"，还给大臣钟繇（yóu）送了一个，看来曹丕是想把自己的"员工"也培养成火锅爱好者呢！

"火锅"中的诗意

到了唐宋时期，火锅已经成为一种十分流行的美食。文人雅士们在宴会上都喜欢吃火锅。比如唐朝诗人白居易曾这样生动形象地描写吃火锅的场景："绿蚁新醅酒，红泥小火炉。晚来天欲雪，能饮一杯无？"这里的"小火炉"指的就是一种陶质火锅。下雪天吃火锅，驱寒保暖，多有诗意呀！

宋朝美食家林洪曾冒着大雪到武夷山访友，他在途中抓了一只野兔。友人把兔肉切成薄片腌制好，然后在桌子上摆一只小炉子，架起锅来。锅里水花翻涌，友人夹起肉片放到沸腾的水中拨弄一番，肉片就熟了。那红色的肉片如同天边的晚霞，烫熟兔肉的过程就像是在拨弄晚霞，因此林洪为这兔肉涮锅起了一个充满诗意的名字：拨霞供。后来，林洪再次吃到兔肉涮锅时，还高兴地赋诗道："浪涌晴江雪，风翻晚照霞。"

清代皇帝竟是"火锅狂人"

明清时期，老百姓喜欢吃火锅，皇亲国戚们也喜欢。清朝大多数皇帝都是火锅的忠实粉丝，乾隆皇帝更是几乎天天吃火锅。有记载表明，在乾隆四十四年（1779），两个月内就举办了六十余次火锅宴。有一次，乾隆皇帝甚至在乾清宫专门摆了530桌火锅宴。而在嘉庆元年（1796），乾隆皇帝还举办了一场"千叟宴"，使用银质、锡质、铜质火锅1550个，参加的人数超过5000人，堪称史上最大规模的火锅盛宴。

清朝宫廷的火锅造型也非常漂亮，比如这件掐丝珐琅团花纹菱花式火锅，蓝色底上有黄、红、蓝、白等各种颜色的团花图案，这些团花三三两两布满锅身，而且两只提手和两只耳朵都是鎏金的，看上去非常贵重。贵族们不仅研究吃什么火锅，还研究锅的样式呢！

掐丝珐琅团花纹菱花式火锅　故宫博物院藏

悠悠五千年，热气腾腾的火锅香飘四溢，古往今来一直受到人们的喜爱。吃火锅这种将人们聚集在一起、围桌共食的方式，本身就代表了一种文化的向心力和凝聚力，也许这才是人们喜爱吃火锅的真正原因吧！

古人也爱喝奶茶

如果要给大受现代人欢迎的饮品来一个排行榜，那奶茶很可能高居榜首。现在，我们走在大街上，隔不多远就可以见到一家心仪的奶茶店。那么，你知道奶茶这种饮品是什么时候才有的吗？告诉你吧，奶茶并不是现代人的"专利"，其实它早在古代就被大众所喜爱。奶茶的发展史就像浓缩的中国史一般，令人回味无穷。

茶与奶的"甜蜜相遇"

我国是世界上最早发现和利用茶叶的国家。传说神农尝百草时发现了茶，因此人们起初把茶作为解毒的药材，用于治病。

有着6000多年历史的浙江省余姚市田螺山遗址

曾出土了古茶树根的遗存，专家们认为这是早期绿茶茶树的遗留物。可见早在新石器时代，中国人就已经会人工栽培茶树了。近几年，考古专家还在山东省邹城市的邾（zhū）国故城战国墓葬中发现了煮（泡）过的茶叶残渣，这些残渣距今2400多年，是我国迄今发现的最早的茶叶实物证据。

邾国故城战国墓葬中出土的茶叶残渣

《诗经·邶风》中曾说"谁谓荼（tú）苦,其甘如荠",这里的"荼"指的就是茶。秦始皇统一天下后，巴蜀地区种植的茶叶开始流向全国。到了西汉，生活在成都、长安等城市的人喜好饮茶，饮茶成了一种风尚。西汉的皇帝汉景帝的陵墓中就有茶叶和茶芽的实物，距今也有2100多年的历史了。大约公元前59年，西汉文学家王褒（bāo）在《僮约》一文中记述了他在四川时的亲身经历,他说"烹茶尽具""武阳买茶",意思分别是"烹好茶并

汉景帝阳陵茶叶遗存

万年生活简史

准备好茶具""到武阳去买茶"。这是世界上关于饮茶、买卖茶叶的较早记载。

我们知道了茶的起源,那古人饮奶的文化又发源于哪里呢?主要是牧区。生活在那里的人爱喝牛奶或羊奶。《史记·匈奴列传》等古籍中就记载了匈奴等游牧民族的饮奶历史。秦、汉、三国时期,各族人民频繁交流,茶叶在少数民族地区流行起来,而营养价值高、口感醇厚的牛奶、羊奶,在中原地区的地位也逐步上升。

中原地区茶和奶"甜蜜相遇"的最早记载出现在南北朝时期。据说,南朝有一个贵族叫王肃,他逃亡到北魏,因为不喜欢当地的饮食,常常没有胃口,便在羊奶里加入茶叶调节口味。过了几年,王肃慢慢喜欢上了北方的饮食习惯,他在孝文帝举办的宴会上说:"惟茗不中,与酪作奴。"意思是"茶是奶的伴侣"。

这句话真妙,一下子就说出了奶茶的"真谛"!

奶茶四处"旅行"

唐朝以前,人们饮茶的方式和我们现在完全不一样,那时候人们饮茶是在茶汤中放上盐、花椒、姜、葱和陈皮等作料来煮。唐朝的"茶圣"陆羽编写的世界上第一部关于茶叶的专著《茶经》,被誉为"茶叶的百科全书"。相传,唐德宗在没有当上皇帝的时候,就曾亲自煮奶茶,在茶里加"酥""椒"等物,"酥"就是奶油。

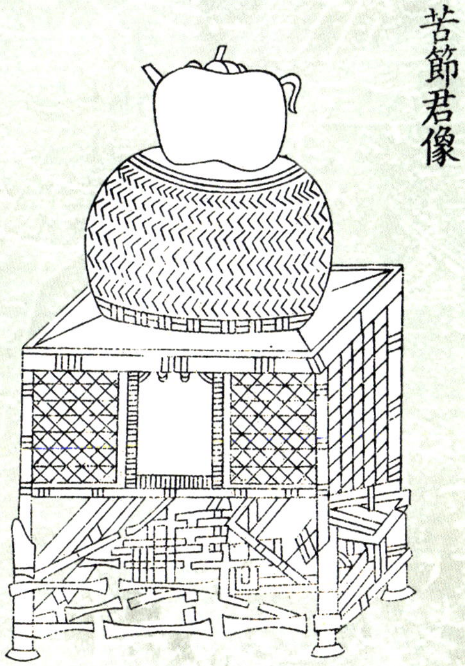

古代煮茶用具——被称为"苦节君"的香竹风炉

到了宋朝，人们喝茶时喜欢将砖茶磨成粉放入碗中，再冲入热水搅拌，这其实已经有点儿像现代奶茶了。那会儿，人们还流行喝一种名为"饮子"的东西。饮子就是饮料的意思，多用草药、香料、天然花果等熬制而成，制作精致讲究，口味甜美。据《东京梦华录》等宋朝笔记记载，宋朝饮子的种类有数十种，如"砂糖冰雪冷元子""砂糖绿豆甘草冰雪凉水"……光是听上去就感觉可以生津止渴。在著名的北宋风俗画《清明上河图》中，就有许多挂着"饮子"或"香饮子"招牌、罩着遮阳大伞的小摊。

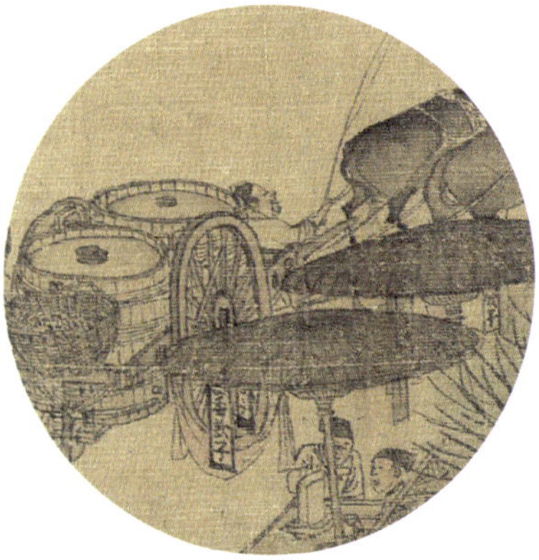

遮阳伞下的饮子摊和香饮子摊
张择端《清明上河图》卷（局部）
故宫博物院藏

宋朝人这么喜欢尝试不同的饮子，自然也不会放过时尚的奶茶了。苏东坡在一阕著名的《浣溪沙》词中写道："雪沫乳花浮午盏，蓼茸蒿笋试春盘。"这里的"雪沫乳花浮午盏"可能是茶的一种新吃法，就是把牛乳搅拌成沫浮在茶汤上。这是不是有点儿像今天的"雪顶奶茶"？

唐宋时期，中原的咸味奶茶传到了少数民族地区，传向了西域，还向阿拉伯地区、南亚以及更远的欧洲传播。在这个过程中，奶茶被阿拉伯人改良，加糖后，味道开始变得甜了起来。

"文艺奶茶"和"奶茶控"

元朝是蒙古人建立的政权，蒙古人把酥油茶、奶茶等茶饮带到了全国。

到了明朝，文人雅士很爱喝奶茶。比如明末文学家张岱就特别喜欢奶茶。张岱的家乡在绍兴会稽山，那儿附近有一种叫作"日铸雪芽"的名茶，但名气不如安徽的松萝茶那么大。张岱不甘心，下决心改造"日铸雪芽"，他使用了和松萝茶一样的制茶法，又在里面添加茉莉花进行炒制，还用小罐装了泉水来烹，最后做出的茶如同"百茎素兰同雪涛并泻"，张岱称其为"兰雪茶"。兰雪茶一经推出，便迅速成了当时最受欢迎的茶饮。

看到兰雪茶热销，张岱喜不自胜，又顺势推出了自创的"文艺奶茶"。什么意思呢？原来他竟然自己养了一头奶牛，每天挤出新鲜牛奶，静置一晚，第二天牛奶上面便会出现一层厚厚的奶皮，张岱将这层奶皮同兰雪茶一起煮开，又成了一种新的奶茶！张岱在自己的笔记中得意洋洋地说这种奶茶"玉液珠胶，雪腴霜腻，吹气胜兰，沁入肺腑"。这种品质的奶茶，就算放在现在也是奶茶中的"战斗奶茶"啦！

奶茶在清朝也十分受欢迎，特别是宫廷中很多人都喜欢奶茶，还有两位可以说是"奶茶控"呢。第一位就是乾隆皇帝。他喝奶茶可讲究了，牛奶必须是新鲜的，还得是宫廷牛圈里的牛产的，茶叶得是顶级的贡茶，就连制作奶茶所用的水，也要用玉泉山当日的新鲜山泉水，同时还要加入极品奶油、青盐精心熬制。

和阗白玉错金嵌宝石碗　故宫博物院藏

为了喝奶茶，乾隆皇帝还特意让人用和阗玉打造了一个专用的奶茶碗——和阗白玉错金嵌宝石碗。碗的外壁有108颗红宝石，碗内底有"乾隆御用"四个大字。此外，乾隆皇帝还专门写了一首咏奶茶的诗—并刻在了碗的内壁上。

清朝宫廷中另一位有名的"奶茶控"是慈禧太后。据记载，她每天都要喝奶茶，由储秀宫的小茶炉单独供应，既方便又干净。奶茶口感丝滑，十分好喝，还可以补充人体所需的维生素和矿物质，所以就连慈禧太后都十分喜爱。

到了近代，经过改良的欧式奶茶又传回我国，港式"丝袜奶茶"、台式奶茶等风靡一时。随着生活水平的提高，人们对奶茶的品质要求也越来越高，中国奶茶行业的发展步入了新时代，现在新式茶饮店里不仅有传统的甜味奶茶，如珍珠奶茶、椰果奶茶等，还有各种新式茶饮，如鲜果茶、花草茶等。

了解了奶茶的千年发展史，你是否也迫不及待想去品尝一杯奶茶了呢？或许你还可以尝试和家人一起制作一杯属于自己的美味奶茶。不过，奶茶虽美味，切莫贪杯哟！

跟古人学"花式吃肉"

人们常说"民以食为天",说到饮食,怎能不提到肉类呢?古人吃肉的花样不少,讲究也很多。我们在一些古装影视剧中看到,一些侠士来到饭店,总要大喊一句:"店家,上五斤酱牛肉!"看上去颇有气势,但其实这在大多数朝代中都是不可能发生的。

古人吃的最多的肉类是鸡肉或猪肉。比如唐朝诗人孟浩然的诗句:"故人具鸡黍,邀我至田家。"他们吃的就是鸡肉和黍米饭。还有南宋诗人陆游的诗:"莫笑农家腊酒浑,丰年留客足鸡豚。""鸡豚"就是鸡肉和猪肉。可见,在古代,普通人家的饮食中若有鸡肉、猪肉就是丰盛的佳肴啦!

古人食谱中的牛、羊、猪

鸡肉和猪肉是普通人吃的,那"不普通"的人都吃什么肉呢?答案是牛羊肉。

有一本记载西周及春秋时期历史的古籍叫作《国语》,里面记录着,在举行祭祀仪式时,天子要享用牛、羊、猪组成的"三牲"套餐,诸侯吃牛,卿吃羊,到了大夫一级就只能吃猪,士吃烤鱼,平民吃菜。可见,作为"三牲"之首,牛肉是最珍贵的肉食。这个排名,其实是与农业生产紧密相连的。

牛在古代是重要的农耕生产"工具",《礼记》中说,就连诸侯也不能随便杀牛。从秦朝开始,大多数朝代中,耕牛都受到严格的法律保护,官方禁止人们随便食用。

东汉《牛耕图》画像石
西安碑林博物馆藏

甲骨文"羞"字

除了牛肉，羊肉也是古代贵族餐桌上较常见的肉食，以至于很多汉字中都有"羊"的痕迹。比如新鲜、鲜美的"鲜"字，还有甲骨文中"馐"（精美的食物）的本字"羞"，就像一只手拎着羊，表示进献精美的食物。

先秦时期，人们吃羊大多都是煮或者炮（páo，类似于烧烤），《周礼》中专门记载了一道菜叫作炮牂（zāng），也就是烤羊。那时，平民的肉食大多来自鸡、猪等饲养较多的家禽家畜。比如《韩非子》中记载，春秋末期的曾参为了教育孩子言而有信，就把妻子开玩笑说要杀的猪，杀了给儿子吃。秦朝灭亡后，楚汉相争时，项羽在鸿门宴上赐给樊哙"彘肩"吃，彘肩就是猪前腿的根部。

魏晋南北朝是民族大融合时期，受少数民族的影响，中原人开始流行吃羊肉，羊肉的做法也越来越多，比如《齐民要术》中的"灌肠炙"，是把切碎的羊肉和葱白、盐、花椒等混合灌入洗净的羊肠中烤着吃。唐朝著名的烧尾宴上，有一道牛羊同吃的菜品"通花软牛肠"，做法是把羊骨髓等加上辅料灌入牛肠中。宋朝人也爱吃羊肉，是皇家带起的风气，据说皇宫里一年要吃掉4000多斤（宋朝1斤约为现在640克）猪肉，但吃的羊肉却是猪肉的 100 倍!

这是宋徽宗赵佶画的宴会场景。

赵佶《文会图》(局部)　台北故宫博物院藏

不过,当时的普通人可吃不起羊肉。有一个故事流传很广:某个书生家境贫寒,又特别想吃羊肉,就把大文学家苏轼写给他的书信换成了羊肉吃,于是有人开玩笑说苏轼的书信是"换羊书"。不过,正是这个大文学家苏轼,发明了一道菜式——东坡肉。据说当时苏轼在杭州做官,治理西湖需要很多民夫劳动,但民夫们只能偶尔吃点猪肉打打牙祭,苏轼就开动脑筋,发明了这种添加了姜、酱油、红糖等,再用小火慢炖而成的方

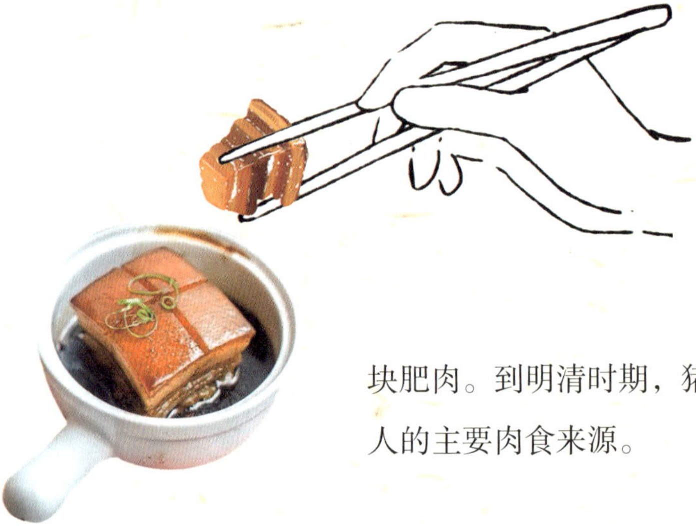

块肥肉。到明清时期，猪肉慢慢成为中国人的主要肉食来源。

古人的花式吃肉法

古人吃肉，做法也是花样不少，常用的有制脍（kuài）、燔（fán）、炙、制醢（hǎi）、制羹、制脩（xiū）或脯等。

"脍"指的是切得极薄的肉片或极细的肉丝，只有用刀精妙，切得极细极薄的脍才好吃。所以《论语》中用"食不厌精，脍不厌细"形容饮食十分讲究。切鱼片也有专用的字"鲙"（kuài）。《诗经》中说，招待朋友要烤甲鱼、切鲤鱼鲙吃。可见，古人早在春秋时期就吃生鱼片了。关于吃鱼，还有个有趣的故事，据说唐朝皇帝姓李，李与鲤同音，所以就禁止人们吃鲤鱼。

"燔"和"炙"都是烤的意思。有种说法认为，燔是架在火上烤，炙则是把肉煮一下再上火烤。无论如何，烤肉这种烹制方式最为原始，最早可追溯到人类刚学会用火的时候。《诗经》中曾记载烤公羊的场景，人们把大肥公羊剥了皮，一边烧一边烤，用于祭祀，祈求来年丰收。汉朝的画像石上也有不少烤肉的画面。

古人做的肉酱被称为"醢"。《周礼》中称负责为天子制作肉酱的官为"醢人"。古人制醢的

妇女斫鲙雕砖
中国国家博物馆藏

表现烤肉串的汉画像石《庖厨图》　临沂市博物馆藏

过程还挺复杂的，要先把生肉风干，然后剁成碎末，再加入酒曲和盐粒搅拌，最后倒入酒，并密封在瓶子中，等一百天才可以吃。

"羹"指的是把肉调味后熬煮成的肉汁。"脩"和"脯"都是用肉腌制成的肉干，在食用前还要再炙烤或烹煮。古代学生初次拜见老师，要先奉上"束脩"——十条干肉给老师，以示敬意。

到了宋朝，中国人炒菜的技艺越来越娴熟。比如南宋的《东京梦华录》中就有"炒兔""炒蟹"等记录。明太祖朱元璋的御膳中经常出现"猪肉炒黄菜""蒸猪蹄肚"等菜式。

古人吃肉的"教科书"

我们的祖先会用文字记录自己的生活，他们把自己的食谱也记录了下来。我们迄今在典籍中发现的最古老的一份食谱出现在《礼记》中，共记录了八种美食，这是周天子的厨师制作的，这八种美食包括肉汤饭、肉馅儿饼、烤乳猪、烤乳羊、生牛肉、风干肉等。秦朝以后，历代皇帝的膳食名单，几乎都是当时最好的食谱，只不过很多都湮没在历史长河中，保留下来的以宋、明、清三朝最多。

战国时屈原创作的《楚辞》中记载了一场宴会，其中的菜品有炖牛腱、烤羊羔、煮甲鱼、炖野鸭、烤鸡等。肉食的种类极其丰富，天上飞的、地上跑的、水中游的，应有尽有。汉朝辞赋家枚乘在《七发》一文中列了一份食谱，被认为是对汉朝美食的描述，其中有煮牛肉、熬肉汤、烤里脊肉、生切鲤鱼片等。这些食谱中的主菜基本都是肉食，古人真的是非常喜欢吃肉呀！

南北朝时期，虞悰所著的《食珍录》记录了魏晋以来贵族的珍馐佳肴"饮食方"，有烤鹿尾、烤全羊（内有鹅肉）等。隋朝谢讽写了《食经》，记载了50多种菜品，包括脍、羹、汤、炙、饼、卷、糕、面等，菜品取名还非常好听，如"龙须炙""花折鹅糕""乾坤夹饼"。唐朝杨晔的《膳夫经手录》中记载了鹌鹑、鳗鱼、樱桃、枇杷等20余种动植物食材，是研究唐朝饮食的珍贵史料。南宋时林洪的《山家清供》记载了100多道菜，是宋朝比较重要的烹饪著作，以记载素食闻名，有少量的荤菜，如脯、鲜肉、鸡、鱼、蟹等。元朝的《饮膳正要》、明朝的《易牙遗意》中，炒菜有了一席之地。

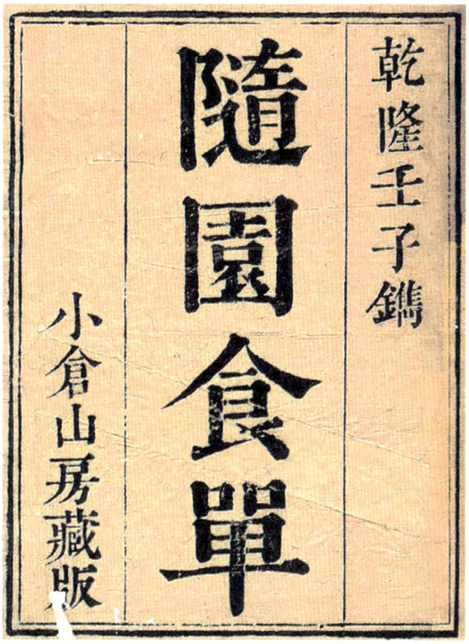

清朝袁枚所著的《随园食单》，是我国古代较为全面的一本烹饪著作，这本菜谱记录了袁枚一生对

美食的研究和总结，记述了乾隆年间江浙一带很多饮食的内容和做法。其中的菜肴、饭食和饮品多达326种，也有不少对猪、牛、羊、鸡、鱼等各种肉类烹饪方法的记录。由于做法详细、简单易学，《随园食单》成为一本流传广泛、人人皆可学的食谱。

　　古人爱吃肉，现代社会我们的饮食也大多离不开肉。不过，在生活中我们一定要注意营养均衡，除了吃肉增强体质和免疫力外，也要注意碳水化合物、青菜、水果、豆类等的合理搭配哟！

古代食盐的妙用

我们每顿饭都离不开盐,盐是生活中必不可少的调味品。其实早在远古时代,盐就已经出现在人们的生活中,那时的盐不仅被用作调味品,还有其他令人意想不到的妙用呢!

盐居然也是财富

在古代,提炼可食用的盐并不容易。传统的制盐技术包括煎、晒两大类,其中"煎盐法"要耗费大量的人力、物力、财力,"晒盐法"则受自然条件影响较大。因此,古代的盐特别珍贵,一个国家只要占据了产盐地，就意味着把握住了至关重要的"战略资源"。

春秋时期，齐国的政治家、军事家管仲实行变法，规定矿产和盐归国家所有。这样，齐国只需要坐等买家上门，以高价将盐出售给其他不产盐的国家，就能获得巨大的利润。有些小国还被齐国断绝食盐供应，最后被其吞并，齐国也因此成为春秋时期的一方霸主。四川盆地被称为"天府之国"，最核心的竞争力就是那里有我国最大的盐井——自贡盐井。秦始皇、汉高祖能够夺得天下，占据了这里的盐井是重要原因之一。出土于四川省成都市郊区汉朝墓葬的东汉制盐画像砖，表现的就是汉朝时四川一带人们凿井取盐的过程。

东汉制盐画像砖　四川博物院藏

你知道吗？古代，盐在很多时候还是官方发放的"工资"呢！军队发放军饷、战后赏赐功臣都离不开盐。士兵如果不摄入足够盐分，那么无论训练还是打仗都没有力气，精力和免疫力都会直线下降。于是官方干脆直接给士兵发盐，这样士兵还能用多余的盐去换钱，对他们来说，这是一举两得的好事。

据记载，周武王伐纣定天下之后，大封功臣，把姜子牙封到了齐国。姜子牙得到了齐国的产盐地，这比直接发盐还实惠，相当于直接拥有了一项"支柱产业"！齐国境内的盐业遗址一直保存到现在，今天我们还能看到当时的盐灶。

战国盐灶　山东省寿光市双王城盐业遗址群

从汉朝开始，粮食一直是历代政府发放工资的主要形式，称官员拿工资是"吃皇粮"就是这么来的。

唐朝时，经济繁荣起来，"皇粮"的内容大为丰富。以唐朝前期正三品京官为例，他们的"工资"里主要包括：每年禄米400石，每日发常食料9盘，其中包括盐、细米、粳米等，约合每月8000文。盐是其中必不可少的一项。

明朝景泰元年（1450），朝廷因为盐仓积盐较多，所以就直接拿盐代替工资。一开始，50斤盐折1石米，三年后，就成了140斤盐折一石米。

治病杀菌的利器

古人很早就知道,盐能够用来治病。管仲曾说过"无盐则肿",意思是不摄入盐会导致水肿。这是对食盐保健功能的较早记载。

东汉时期的《神农本草经》记载"(戎盐)主明目",戎盐指的是我国古代西北地区的矿物盐结晶体。南朝梁时,陶弘景在《本草经集注》中记载食盐能清火、凉血、解毒。明代李时珍的《本草纲目》还记载用盐能医治各种疑难杂症,甚至补肾、补心、补脾都可以用盐来做药引。另外,古人也常在家畜的饲料中加盐,防止家畜生病。

古人还知道盐能杀菌,多用来外敷治疮毒。现代中医学也用盐来治病,比如,用温的淡盐水漱口缓解牙齿疼痛或者牙龈出血;将盐撒在疼痛处和出血处,帮助消炎止痛、解毒凉血;橙子中放入少许盐再上锅蒸,能够起到止咳化痰的作用。

盐自身还有防腐的作用,聪明的古人很早就发现了这一点,至少在西周时期,食盐就被用来腌制

战国鳊鱼　湖北省博物馆藏

咸鱼了。现在，湖北省博物馆中就保存着一条2000多年前用盐腌制的战国鳊鱼。用盐腌鱼和肉，不但能延长食物的保存时间，还能使之呈现独特的风味，这对缺少肉类摄入的古代老百姓来说可是大大的福音。

咸鱼、咸肉、咸蛋、咸豆干、咸菜……只要加足够量的盐，古人甚至能腌制整整一头猪！

古人的含盐牙膏

食盐不仅与古人的生活密不可分，而且还能做原料用于生产加工。比如，古代没有牙膏，人们发现食盐有消炎、美白和坚固牙齿的作用，于是常用食盐来刷牙，方法是用手指或齿木（柳枝居多）蘸取盐擦牙齿，有的直接用盐水漱口。到了宋元

揩齿图 莫高窟 159 窟南壁《弥勒经变》壁画（局部）

时期，古人开始使用牙粉或自制的牙膏来刷牙，这一时期牙膏的主要成分是盐、金银花、藿香、茯苓等。

此外，盐还催生出了许多美食。例如，川菜中的水煮牛肉据说出自自贡盐场。古时候盐场多用牛拉车汲卤（提取卤水），明清时期，盐场不断有退役的老牛。于是，以盐场为中心出现了水煮牛肉等很多以牛肉为原料、因盐而生的美食。而在湖北省利川市柏杨坝镇，由于地下水中含有天然卤水成分且含盐量恰到好处，因此用柏杨卤水做出的豆腐，自然成形，咸香可口。

在现代，盐也是很多食品的主要原料。比如在重口味辣条的配料表里，食用盐通常排在前五名；还有很好吃的面包里盐也必不可少，因为盐不仅能提升面包的口感，还能改变面筋的物理性质，增加其吸水性。

了解了食盐的这些妙用，你是不是对它刮目相看了呢？但是食盐摄入过多对身体也不好，所以盐不可以多吃多用哟！

知茶具，秒懂古代茶文化

中国是茶的故乡，茶文化源远流长。茶的品种、味道，以及品茶的过程，都属于茶文化的范畴。当然，茶具也是必不可少的。如果你见过长辈喝茶，就一定能明白，爱茶的人必然也爱那些精美的茶具。也许在他们的心里，从古流传至今的茶具，更能让人品味到茶文化的精髓。

不胜枚举的各式茶具

顾名思义，茶具就是煮茶、泡茶和饮茶的工具。在现代社会，根据品茶方式的不同，茶具也不尽相同。简单的茶具包含一把茶壶、两只茶碗，若想喝复杂的工夫茶，最基础的茶具套装中也有十几种茶具，多的甚至有三十多种。

那么，茶具是什么时候出现的呢？有人认为，最初的茶具有可能是从酒具、餐具中分离出来的。近几年，在山东省邹城市的邾国故城战国墓葬中发现了盛放茶叶残渣的瓷碗，有专家认为这是我国迄今发现的最早的茶具。

邾国故城战国墓葬中发现的茶碗

西汉辞赋家王褒写了一篇《僮约》，文中提到了"烹茶尽具"，意思是说煮茶时要准备好茶具，这大概就是我国迄今发现的最早提到茶具的史料了。从汉朝开始，茶具的种类、材质和样式逐渐变得丰富多彩，百花齐放。三国时，张揖在《广雅》中记载："荆巴间采茶作饼……捣末置瓷器中，以汤浇覆之……"说的就是古人冲茶末的饮茶方法，这被认为是对茶具和饮茶方法的较早记载。隋唐之后，茶具在文人诗词和各种书中变得越来越常见。到唐朝陆羽著《茶经》时，茶具第一次成体系地被归纳出来，正式成为被列入典籍的专门器具。

陆羽在《茶经》中说，当时有 24 种茶具，包括生火的风炉、煮茶的茶釜、碾茶的木碾、饮茶的茶碗等。为什么要碾茶呢？因为当时的人习惯把茶碾成碎末煮茶汤来喝。说到茶碗，陆羽最喜欢的要数越窑青瓷碗，他认为"类玉似冰"的越窑青瓷碗与绿色茶汤相得益彰，可以使茶汤更好看。

古人喝茶真是讲究！

唐白釉茶具组　中国茶叶博物馆藏

白瓷茶具及陆羽像　中国国家博物馆藏

大家在古装影视剧中看到过盖碗吗？盖碗又称"三才杯"，据说它的寓意是碗盖为天、碗托为地、中间的碗为人。因此，用盖碗品茶时三者不应分开使用，否则既不礼貌也不美观。传说盖碗是唐德宗时，由节度使崔宁之女在成都发明的，成都地区独特的盖碗茶文化就此诞生。考古工作者在法门寺地宫发现了一大批唐朝的宝物，其中有一件琉璃托盏，被认为是目前有实物证明的较早的盖碗。

素面淡黄绿色带托琉璃茶盏　法门寺博物馆藏

唐宋之后，一直到现在，人们喝茶的方式逐渐变为冲泡茶叶。茶壶和茶碗成为普通人饮茶的主要用具。茶具大多是陶瓷制成的，也有竹、木、石等材质的，但并不是主流。

粉彩雨中烹茶图茶壶　中国国家博物馆藏

清乾隆矾红三托盖碗　中国茶叶博物馆藏

我们现代家庭常用玻璃杯喝水饮茶，其实古人也有玻璃茶具哟。古人把玻璃称为琉璃。我国制作玻璃虽然起步较早，但发展缓慢，直到唐朝时，才进一步发展出专用的玻璃茶具，前面讲的法门寺那件琉璃托盏，就是迄今较早的玻璃茶具。

元明清时期，我国的玻璃生产技艺逐渐成熟，明朝宋应星撰写的《天工开物》里记述了当时玻璃制作的全过程。这一时期的玻璃茶具从造型到色泽都有了很大进步。

到清朝时，玻璃茶具受到皇帝和王公大臣的喜爱。康熙皇帝还让养心殿造办处设立了专为皇室服务的玻璃厂，玻璃器具得到了前所未有的发展。

元莲花形玻璃托盏
甘肃省博物馆藏

无色透明玻璃戗金蕉叶纹盖碗
故宫博物院藏

供春紫砂壶　中国国家博物馆藏

前面我们说到了工夫茶，顾名思义就是需要花费工夫才能喝到的茶。喝工夫茶可以用陶瓷茶具、铁茶具，其中紫砂茶具更受欢迎。紫砂茶具是什么时候发展起来的呢？

北宋时期，诗人梅尧臣的诗句"小石冷泉留早味，紫泥新品泛春华"，说的就是用紫砂茶具来品茶。传说明朝中期，宜兴有一位进士吴颐山，他的书童供春受寺庙僧人启发，用宜兴当地特有的陶泥——紫砂泥制作了一个紫砂茶壶，成了迄今有据可查的最早的紫砂壶，它也被命名为供春壶。

爱喝茶的人说，用紫砂壶煮泡的茶不失原味，紫砂壶还能防馊抗腐，使用中茶壶还能变色变光，确实有实用和收藏的双重价值。

在古代，随着经济文化的交流与发展，茶叶渐渐传遍神州大地。各地人的饮茶习惯不同，茶具得以不断创新。告诉你吧，少数民族的茶和茶具也非常具有民族特色哟。比如藏族的酥油茶，制作过程中需要把酥油、茶汁和各种作料放入特制的圆柱形打茶桶中,用木柄反复捣拌,使酥油与茶汁融为一体。谁能想到普普通通的木棍和桶也是特殊的茶具呢?

茶文化已经融入我国各族人民的日常生活,各式各样的茶具不断创新和发展着,它们从一个侧面体现了历史的传承,反映了历史的变迁,成为中华文化的一部分。

酥油茶桶

起居之道

冬日御寒，"被"受关注

寒风凛冽的冬夜，最快乐的事，莫过于躲在自己温暖的被窝儿里睡大觉了。我们现在的被子大多又轻又软，保暖效果也非常好。那你知道古人都盖什么样的被子吗？

被子的由来

作为睡觉和御寒的工具，被子的出现与人类生活水平的提高密切相关。远古时，原始人以采集和狩猎为生，那他们自然只能靠动物的皮毛保暖，用兽皮当被子是顺理成章的事情。

目前考古发掘和文献中发现的最早的"被"字,出现在商周时期的金文里。它的左边像一件衣服,右边像是一只手在剥野兽身上的皮。这说明,在古人看来,被子是可以用来保暖的兽皮。

金文"被"字

随着人类社会的发展,已经学会种植和养殖的人们开始寻找其他保暖的材料当被子,如用蚕丝织成的丝绸,用麻、葛等植物的纤维织成的布等。被子也开始有了细分类别。《诗经》中有这样一句诗,"肃肃宵征,抱衾(qīn)与裯(chóu)",意思是天还没亮,人们就要抛下温暖的被子出行了。"衾"与"裯"

都是被子。"衾"是厚被，被子里用于保暖的填充物较多；"裯"则是单层被子，填充物较少。

蚕丝

棉

麻

它们的纤维都可以用来织布。

秦汉时，古人已经开始使用一种称为"寝衣"的小卧被，这是一种没有填充物或者填充物极少的夹被，多用于午睡、小憩等短暂的休息。《论语》中也有记载，"必有寝衣，长一身有半"，意思是寝衣的长度通常是使用者身高的1.5倍。至于被子的宽度，从史料记载来看，"幅"是当时衡量被子宽度的单位，《汉书》中记载二尺二寸为一幅，大约相当于现代的半米多一点儿。成人所用的单人被一般不会少于两幅宽，双人大被则为三四幅宽。也就是说，古人所盖的单人被的宽度在1米至2米，这与我们现在常见的被子的宽度差不多哟！

天差地别的被子

在我们的印象中，被子的形状一般是长方形或者正方形的。但古代的被子并不都是这样。战国时期楚国墓葬中出土了一张"样貌"奇特的被子，打破了我们的认知。

这张被子名叫"蟠龙飞凤纹绣浅黄绢面衾"，顾名思义，它上面有龙、凤等华丽的纹饰。看下页的图，它的样子是不是很特殊？上面有一个凹形口。这个凹形口有什么作用呢？专家们经过考证认为，这应该是当时贵族们睡觉盖的被子，而凹形

蟠龙飞凤纹绣浅黄绢面衾　荆州博物馆藏

蟠龙飞凤纹绣浅黄绢面衾（局部复原图）

口正是露出脖子的地方。哈哈，这凹形口的设计看上去还真是与人体构造挺贴合呢，不仅能够确定被子的头脚位置，还能很好地包裹住使用者的肩部。

唐宋时期，随着造纸术的不断发展，人们开始用特殊的纸来做被套，"纸被"就是这么来的。南宋著名诗人陆游就曾经写诗称："纸被围身度雪天，白于狐腋软于绵。"

要说古人真是敢于尝试，兽皮、麻布、丝绸、纸张等都曾被他们用来做被面、被套，而被胎——被子中的填充物，在古代也是五花八门。古时候的有钱人一般会用丝织物来做一床柔软的被子——丝绸的被套、丝绵的被胎。而更多人会使用"絮"做被胎，茅草、芦花、杨柳絮、敝绵（丝绵的下脚料）等都可以做絮。此外，古人还会用家禽的羽毛或者小兽的绒毛来做被胎。这种填充物，是不是感觉有点儿"高大上"？其实在古人眼中这并不特殊！

用丝绵和棉絮做被胎更暖和。

古代的被子也分季节

现代人冬天盖被子，夏天有时也需要盖个夏凉被防止着凉。古人也和我们一样，不同季节会更换不同的被子。据说曹操的遗物中就有"寒夏被七枚"。

  古代贵族的夏被挺高级的，一般都是蚕丝被，盖在身上凉爽舒适。唐朝古籍中记载了一种海外进贡来的名叫"神锦衾"的蚕丝被，称这种被子"冰蚕丝所织也……暑月覆之，清凉透体"。不过在古代，一般人是用不起这种丝衾的，普通人只能盖布衾。

西汉长寿绣丝衾　连云港市博物馆藏

西汉长寿绣丝衾（局部）

  两宋以后，棉花种植的范围不断扩大，棉纺织技术也不断发展，棉被终于成了人们在冬天御寒的首选，棉布做被套，棉絮做被胎。"棉被"一词替代了用丝绵做的"绵被"。到了明清时期，棉被已经成为每家每户的必备用品。

南宋拉绒棉毯　浙江省博物馆藏

  小小被子的发展历史，让我们看到了人们生活水平的不断提升。从最初用纸、絮做被子，到后来用棉花做被子……小小的被子从侧面反映了时代的变迁，见证了中国历史的发展。

"高枕"只是为了无忧吗

大家听说过成语"高枕无忧"吗?这个成语的本义是垫高枕头,无忧无虑地睡觉,比喻身心安逸,没有忧虑。有时也用来形容思想麻痹,放松警惕。那么,枕头是什么时候出现的,古人真的习惯高枕而卧吗?高枕真的能无忧吗?认真阅读,相信你一定能找到答案。

枕头的由来

"枕"字是木字旁,说明枕头一开始可能以木质为主。早在原始社会,枕头的雏形就已经出现了。当时还"穴居而野处"的人们,睡觉时习惯把木头、石块或兽骨等垫在头底下,但这只是人们无意识地寻找舒适睡姿的方式。古人最早使用枕头的时间，还有待于考古证实。

东晋王嘉的《拾遗记》中有一个故事，讲到商纣王曾经用过玉虎枕。故事不一定是真的，但有一定的依据——商朝人对老虎非常崇拜，流传下来的或出土的商朝青铜器、玉器上经常能够看到老虎的造型。这个故事也说明古人认为商朝就已经有枕头了。更有专家推测，古人应该早在夏朝时就已经有意识地制作枕头了。

商玉虎形佩　故宫博物院藏

有一本记录先秦礼制的古籍《礼记》中说："鸡初鸣……敛枕簟(diàn)。"意思是，凌晨鸡鸣时，要把枕、席等收起来。可见，春秋战国时枕头已经成为人们生活中必不可少的一部分。我国迄今发现的较早的枕头是湖北省马山一号楚墓出土的战国

战国竹枕

时期的竹子枕头。这枕头看上去很像竹凳呢！

　　我国出土了很多汉朝时期的枕头，那时的枕头有软的，有硬的，漆、木、丝、竹、铜、玉、珍珠等各种材质的都有，比如湖北省荆州市凤凰山汉墓出土的漆木虎头枕、湖南省长沙市马王堆汉墓出土的黄褐绢地"长寿绣"枕头，都是西汉早期的文物，马王堆汉墓发现的这个枕头还是我国迄今最早的药枕。汉朝的许慎在《说文解字》中说："枕，卧所荐首者。"意思是枕头在睡觉时用来支撑头部，可以说是对枕头的标准定义了。

漆木虎头枕　荆州博物馆藏

漆木虎头枕（局部）

黄褐绢地"长寿绣"枕头
湖南博物院藏

到了魏晋南北朝，人们睡觉喜欢用木枕。隋唐时期，随着制瓷技术的进步，瓷枕出现并迅速风靡开来，到宋朝就变得十分普及了。工匠们设计了六角形、八方形、长方形、花瓣形、鸡心形、椭圆形等各种样式的瓷枕，甚至还把瓷枕塑成婴孩等人形，卧虎、卧龙、卧狮等卧兽形，以及镂雕成宫殿、戏台等建筑形。按釉色分，瓷枕有白釉、绿釉、褐釉、青釉、黑釉等，真是五花八门、丰富多彩。

定窑白釉孩儿枕　故宫博物院藏

褐釉彩绘虎形枕　故宫博物院藏

宋元时期，纺织业快速发展，明清时期，印染、刺绣、镶嵌等工艺也日渐纯熟，因此，丝织枕头、棉布枕头多了起来，这些枕头色彩鲜艳、纹饰优美，人枕在上面更舒服。当时，还出现了能当小孩子玩具的枕头。

能当枕头又能当玩具的布老虎
故宫博物院藏

我们现在的枕头大多数都是布制的，枕芯多用荞麦皮、决明子等。近几年还出现了乳胶枕、多孔透气纤维枕等新型枕头，有的枕头还加装了智能设备，能记录睡眠数据、播放音乐，枕头变得越来越"聪明"了！

"高枕"不只是为了无忧

了解了枕头的由来，我们已经知道古人在大多数时候都喜欢又硬又高的枕头。这到底是为什么呢？

其实，古人很早就意识到，枕头不仅是用来枕着睡觉那么简单。一些善于总结的中医发现，把枕具垫在脖子下面，非常贴合颈椎的自然弧度，不仅能够让颈部得到充分放松，提高整体睡眠质量，还可以促进全身的血液循环，达到养生的效果。

专家研究发现，有点儿硬还有点儿高的瓷枕，对古人来说功效更加独特。一是纳凉。瓷枕大多质地细腻、光滑清凉，没有空调的古人，夏夜睡眠质量恐怕有一半要靠它维持了。比如李时珍在《本草纲目》里就说"久枕瓷枕……可清心明目"。二是能维持正确、舒服的睡姿。受儒家文化的影响，古人在个人仪态方面非常讲究，要"立如松，坐如钟，卧如弓"。卧如弓是侧卧的标准姿势，当古人侧睡时，有肩膀的支撑，睡高的瓷枕就会感觉很舒服。三是"高枕"能够保护古人的发髻不被弄乱，可谓维持仪态的"神器"了。

另外，高高大大的枕头还有很多其他作用。比如可以收纳、藏物。《越绝书》中记载"以丹书帛，置于枕中，以为邦宝"，讲的是越王把大臣范蠡的话写在丝帛上，放到枕头里当作国宝。瓷枕、木枕等高枕内部做成空心的，一来可以减轻枕头的重量，二来可以收纳书籍和贵重物品，如契证、钱财等，这像不像一个迷你保险柜呢？

黄花梨枕头箱　海南省博物馆藏

像我们前面说到的马王堆汉墓出土的"长寿绣"枕头一样，古人还常在高大的枕头中放入草药，做成药枕，用来清心、安神、祛病。唐朝孙思邈在《千金方》中记载："以茶入枕，可明目、清心、通经络、疗百病、延年益寿。"

不过，现代医学家发现，古人一味追求高枕其实也有隐忧。在使用高枕头睡觉时，人的颈部会处于弯曲状态，长此以往，就容易造成颈椎间盘突出。而且头部过高，也会导致脑部供血不足，睡眠质量低下。相对地，使用过低的枕头则会无法放松颈部和肩部，甚至造成落枕，一样会影响人的睡眠。

人的一生，有三分之一时间处于睡眠中。小小的枕头在生活中占有十足的分量。所以，我们现在选择枕头，从材质到款式一定要把舒适和健康放在第一位，能够放松颈部、带走一天疲惫的才是好枕头。

"锁"不住的历史

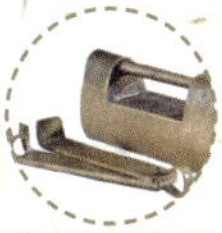

提到门锁，大家一定都非常熟悉。有些同学家里可能还安装了密码锁、指纹锁等，形形色色的锁具承载着我们满满的安全感。然而，说起锁具的历史，很多人可能就不太清楚了，现在就让我们一起解开锁具的秘密吧！

古人的锁是怎样"炼"成的

我国使用锁的历史十分悠久，可以追溯到5000多年前的新石器时代晚期。生活在那时候的古人已经有了私有的观念，他们为了保护自己的贵重财产，就用兽皮包紧财物，外边用绳索牢牢捆绑，反复打

良渚人形玉觿 南京博物院藏

简单的门闩

结，把自己的宝物"锁"在里面。那时候，人们建造了干栏式、半地穴式等不同样式的房屋，也会用绳索牢牢地捆绑住房门。要打开的时候，需要用一种特殊的钥匙——"觿"（xī），这是一种特制的兽骨制品，可以方便地将绳结挑开。觿深受人们的喜爱，玉质的觿后来成了一种象征成人的配饰，精致美观。有着5000多年历史的良渚文化墓葬中就出土过人形玉觿，被认为是迄今发现的最早的玉觿。这种特殊的钥匙说明，早在5000多年前，锁具的雏形就已经出现了。

新石器时代晚期，木质门闩（shuān）出现了。不过，用竹竿或木棍做的门闩很容易被破坏，因此古人开始寻找更坚固的材料来做锁具。

西周时期，人们发明了青铜锁。春秋战国时期，青铜锁被进一步改良，锁具中开始应用簧片结构，出现了簧片锁。这种锁利用

122

弹簧片与钥匙之间的弹力来达到关锁和开锁的目的，比简单的门闩进步了很多。

汉朝时，有着三片弹簧片的"三簧锁"出现。三簧锁更加高级，由锁壳、锁芯与锁梁三个部分组成，锁芯与锁梁插入锁壳，弹簧片撑开抵住锁壳内壁，锁具就锁上了。开锁时，钥匙从锁孔插入，挤压弹簧片使其合拢顶开锁梁和锁芯，锁具就开了。当时的工匠常常"异想天开"，将钥匙孔制成不同的形状，造出不同样式的钥匙。你想象一下，若是小偷儿今天遇到的是这样的锁，明天遇到的是那样的锁，一定会被不同形状的钥匙孔弄得恼火不已吧？这样一来，有锁的房屋或者其他物件的安全性是不是得到了很大的提高？为了增加安全性，人们甚至还造出了有八片弹簧片的八簧锁。

各式各样的三簧锁

从汉朝开始，三簧锁一直是我国古代门锁的主要种类，金、银、铜、铁、木等各种材质的锁具层出不穷。明清时期，三簧锁有广锁、花旗锁、首饰锁和刑具锁等。

广锁就是常见的横式锁，锁身大致

典型的广锁造型

是长方体的，两端侧面是半椭圆形，外观像一个袖珍的手提包。广锁看上去像个"凹"字形，开关十分方便。

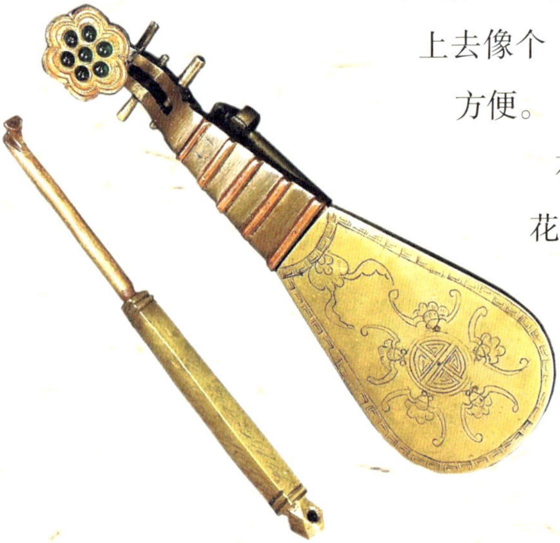

花旗锁指的是有各种花样外形的锁。锁面上会刻画各种图案，有器物，有植物，有动物，甚至还有刻画故事的，有些立体的花旗

清琵琶锁　三明市博物馆藏

锁还被雕刻成各种自然或人文景观。人们为了提高锁具的观赏性，真是下了大功夫呢！

首饰锁，看名字大家就能想象到它的样子了吧！有些地方，人们有给孩子赠送"长命锁""平安

玛瑙银镶玉宫锁　河南博物院藏

锁"的习俗，以此表达对晚辈尤其是孩子健康平安的祝福之意。"长命锁""平安锁"就是首饰锁。首饰锁已经不具有防盗的功能，但锁面上会有十分漂亮的浮雕等装饰。

十八世纪后，西方人发明的叶片锁进入中国，二十世纪三四十年代，弹子锁也传入国内。现在，叶片锁和弹子锁这两种机械锁成了我们生活中比较常见的锁具。随着微电子技术的应用，现代社会还出现了密码锁、声控锁、指纹锁等智能锁具，大大方便了人们的日常生活。

锁具经过5000多年的演变发展，一方面保护了人类的财富，增加了人类的安全感；另一方面也提升了社会的文明程度。小小的锁，居然有这么大的作用，快去看看自己家里用的是什么锁吧！

古人的"厕所革命"

人类从远古走来，生活条件总体上越变越好，环境越来越舒适。我们习以为常的厕所（卫生间），也是这些巨大变化中的一部分。现代社会中，几乎每个家庭中都有独立的卫生间，那么，在没有抽水马桶的古代，古人怎样上厕所呢？厕所发展到今天，都经历了哪些"革命性"的变化呢？

简单粗陋的坑厕

在大约1万年前，我们的祖先进入了农耕时代。在此之前，原始人类靠采集野果和狩猎动物为生，大多数人并没有固定的居住点。因此山坡、山洞或大树背后，都有可能成为人们的临时厕所。

但上厕所，总是很私密的一件事。越走近农耕时代，人类的领地意识就越强，厕所地点也逐渐固定下来。或许，最终定居下来开启农耕生活后，人类最先建造的一批生活设施里就有厕所。

考古发现证明，我国迄今最早的厕所出现在距今 6000 年左右的西安半坡遗址。尽管当时的厕所只是一个位于房舍外的土坑，但已经说明人们开始有了上固定厕所的习惯，体现了文明的逐步发展。

即便如此，根据历史文献记载，先秦时期，很多普通人也是没有专用厕所的。普通人的厕所和猪圈是同义词，有一个专门的名字叫作溷（hùn），从字形上就可以看出，这是一种把豕（shǐ，猪）围在里面、满是泥泞的建筑。

西周时期，坑厕进一步发展，当时的人们把木板搭在坑上，坑内设有深一点儿的漏井。这样的条件自然是非常简陋的，记

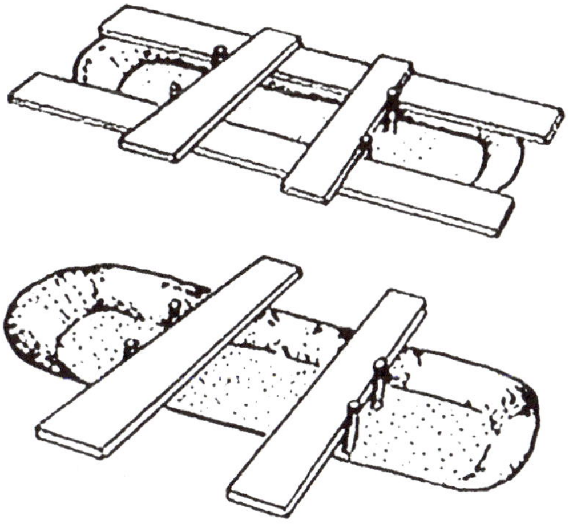

坑厕

录先秦礼制的古籍《仪礼》中就有记载，坑厕堆满后，需要奴隶用土填埋，然后重新挖掘新的坑槽使用。

为了减少挖坑的次数，人们想着，要不要把坑厕挖得更大、更深，以延长它的使用"寿命"呢？但是坑过大过深，上厕所也就变成了一件有风险的事。《左传》中就记载，晋景公上厕所时，不小心跌入坑内而身亡，一代国君，以这样的方式告别人世，还真是让人叹惜呀！

环保创新型厕所

2023年，考古工作者在位于陕西省西安市阎良区的秦汉栎阳城遗址发现了距今约2400年的战国厕类遗存。

令人惊奇的是，这例遗存居然带着一根明显的水管！这是迄今我国历代宫城考古中发现的唯一一例厕类遗存，也是迄今我国考古发现的最早的冲水式厕所。

战国厕类遗存

是不是晋景公的悲剧刺激了当时的人们，于是发明了这种环保型的厕所呢？无论如何，人们对生活环境舒适度的追求一直在提升。普通人到猪圈上厕所这件事，也为古人改进厕所提供了智慧火花。到战国时期，人们已经广泛地把厕所搭建在宅院后了，下面连通猪圈。

红陶厕所猪圈　河南博物院藏

溷已经不单单指猪圈，而是成了猪圈和厕所连在一起的两层式建筑，被称为溷厕。这种厕所成了我国古代社会最常见的一种厕所。大约到西汉，溷厕建造技术达到了相当高的水平。

为什么溷厕会成为我国古代最常见的厕所呢？这是因为我国古代统治者注重发展农业，肥料可以改善土壤，促进农业生产。而这些肥料主要来自溷厕，厕所的便坑直通猪圈，便于沤肥，猪圈中的大量有机肥成为农作物极好的肥料。可见，古人很早就具有可持续发展的思想啦！

舒适便捷型厕所

为了方便如厕，古人日思夜想，伤透了脑筋。考古工作者在西汉汉文帝的儿子梁孝王王后墓中发现了带有扶手的厕所。这间厕所也是冲水式的，还用石头雕刻出了坐便器，表面打磨得很细，前边有脚踏石，旁边有扶手，墙壁上还有引水的凹槽，能引水来冲洗厕所。这与现代冲水马桶已有了几分相似。

西汉梁孝王王后墓厕所

另外，古人还发明了便携式的"厕所"，解决男子夜间如厕的烦恼，称之为"虎子"，俗称夜壶。考古发现证实，早在战国时期，虎子就已经出现了，两汉及魏晋时期非常流行。到了唐朝，由于要避讳唐高祖李渊的祖父李虎的名字，"虎子"改名为"马子"。这时的"马子"变成了桶的形状，容量也更大，称为"马桶"。马桶有盖子，可以很好地隔绝气味，清理也比较方便，因此成了古代家家户户的必备用品，直到近现代，西式抽水马桶进入我国，传统马桶才逐渐退出历史的舞台。

战国错金银鸟纹虎子　故宫博物院藏

我们从厕所的发展史能够看出文明的进步，其中也反映了古人的心理状况和精神面貌。古人为了营造良好的如厕环境进行了一场又一场"厕所革命"，这固然是人们日常生活的需要，也从一个侧面反映了国家文明程度的提升。古人都能讲究卫生，我们更要记得文明如厕的重要哟！

古代"京漂族"的租房史

如今走在首都北京的大街上，我们随处可见二手房中介机构的门店。这些中介机构的服务对象大多是需要租房的人。其实，古代的京城里也有很多"租房族"，他们的租房故事也有许多酸甜苦辣，一起来看看吧！

商业租赁房——邸店

自从人类开始定居生活后，就有了故乡和他乡的概念。在他乡生活，衣食住行中"住"是开支最大的一项，大多数人一开始在他乡的"住"，都是从租房开始的。

传说尧帝年老之后,想把自己的位子传给许由。谁知道许由根本不想干,觉得听到这个消息都脏了自己的耳朵,连忙用水清洗,甚至跑到了"逆旅"中躲避。逆旅就是私营的旅店,相当于我们现在的日租房。既然那时候有日租房,那长租房应该也出现了。

许由巢父故事纹铜镜　晋祠博物馆藏

根据考古发掘和文献记载,大约在西周时期,就已经出现了以土地做抵押的现象,而且当时旅店业非常兴盛,《周礼》中说,每隔五十里路就会有住宿的旅店。到了战国时期,随着商鞅变法的推行,土地私有制得以明确,土地和房屋租赁、买卖就更加方便了。

秦朝时，为了方便各郡的官员进京办事，京城设立了"郡邸"供这些人短期居住，郡邸相当于现代的各地驻京办事处。汉朝时，除了郡邸，还有国邸、蛮夷邸，国邸接待诸侯王和他们的随从，蛮夷邸接待外族、外国来的使者。到了魏晋南北朝时期，邸变成了商业设施，比如在《梁书》中就曾记载，大臣徐勉拒绝了开办"邸店"来聚敛财富的建议。看来，当时开私营旅店在社会上是非常赚钱的，这与当时的商业繁荣密不可分。

隋唐时期，国家统一，社会安定，商人有了更多的活动自由。同时法律也对邸店做出了明确规定，客商（他们的货物）可以在邸店中租住（存放）。有些极有商业头脑的大商人，干起了专门开发邸店再转租出去的生意。唐朝有个叫窦乂（yì）的商人，在京城长安买了十余亩洼地，填平后建造了二十间商铺，出租给波斯来的商人做生意，每天可以收上千钱的租金，获利十分丰厚。

到了宋朝，官府投放了大批租赁用房，管理这些出租房的机构叫"店宅务"或"楼店务"。北宋京师店宅务管理的公屋有 14 626 间，别墅有 164 所，空地有 654 块。据测算，这些公租房可以供东京（今河南开封）大约 10% 的人口居住。从管理机构的名字就可以看出，这些出租的房屋有一大部分都是用来做商铺的。当然，在公租房之外，宋朝也有私营旅店和出租的店铺。

明清时期，与宋朝一样，官府也在京城等地修建大批"官舍""官店""铺房"等出租，街道上还出现了私人兴建出租的商铺，客商的选择更多了。

《清明上河图》中的旅店"王员外家"和人头攒动的宋朝街道

"京漂族"中的学子和官员

古代，京城"租房族"中除了商人，还有两类人：一类是旅居京城的学子，另一类是在京城没有房子的官员。

从隋朝实行科举制度后，进京赴考的学子就络绎不绝。唐朝时，学子们大多租住在长安崇仁坊内。这里西临皇城，地理位置优越，建了不少"逆旅""邸舍"，学子们参加考试极为便利。当时长安城内有严格的宵禁政策，但在崇仁坊内却不用遵守这项规定，坊内昼夜喧闹，一派繁荣。久而久之，崇仁坊也成了从外地来长安的文人们临时聚集的地方，坊内的租房业越来越红火。

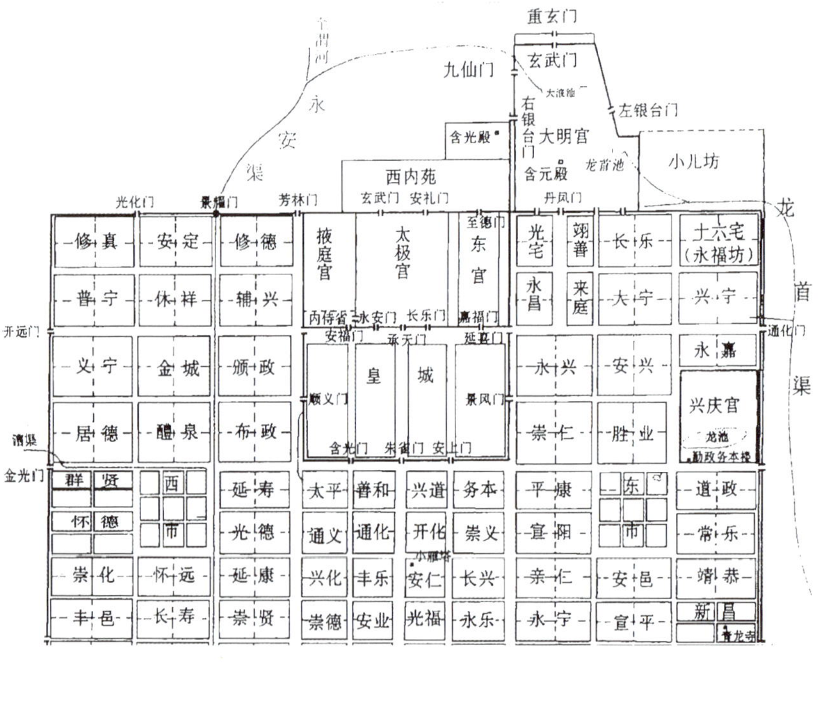

唐朝长安城平面图（局部）

尽管唐朝民间的租房业务十分繁荣，但外地官员临时入京朝见却不能随意在外居住，这下子，又一个"产业"诞生了：各地官府为官员到京后临时居住建了"进奏院"，进奏院的各项费用由各地官府承担。

除此之外，很多刚刚"上班"的官员既没有朝廷赐下的宅邸，也没有能力购买房屋，也需要租房居住。比如大诗人白居易就是如此。他在贞元十六年（800）春天考中了进士，当上了秘书省校书郎，但是京城的房价和物价实在太高了，他只好租了前任宰相家里的一处亭子来住。他晚年回忆这段日子时还哀叹："游宦京都二十春，贫中无处可安贫。"比白居易还惨的是李白，他是一辈子租房。杜甫估计也是饱受租房之苦，所以才发出了千古一叹："安得广厦千万间，大庇天下寒士俱欢颜。"

宋朝时，租房生活更是官员们的常态，当时的思想家朱熹说，百官都没房子，连宰相都要租房住。当然，外地无房的官员还可以向"楼店务"租房。直到清朝时，朝廷才恢复为官员提供居所。

绕不开的"牙人"

在古代，即使是公租房，官府也并不直接参与租房的交易。租赁房屋往往需要有中介——"牙人"帮忙牵线搭桥。牙人是买卖、租赁交易的中间人、见证者。

唐宋以来城市发展，经济繁荣，大量庞杂的信息都需要牙人协助处理。当时，租客看过房源，要通过牙人签订租约，还要支付一定的中介费。如果谁撇开牙人与房主签约，那就要吃官司了，因为官府规定，只有通过牙人作保的租房契约，才具有实际效力。这既是为了规范租房市场，也是为了方便统计人口流动情况，稳定社会治安。

看来，租房自古就不是一件容易的事，无论哪个朝代，面对眼花缭乱的租房信息，租房者都要打起十二分精神，慎之又慎，才能挑选到既符合心意又安全合法的房屋。

古人的"身份证"

现代社会，每个人到了一定年龄都可以拥有自己的身份证，大家外出时，无论是购票乘车还是入住酒店，大部分时候都需要出示一下身份证。其实，古人也有"身份证"，它的作用还不小呢。

平民出行离不开的"身份证明"

在古代，平民百姓并没有专属于自己的用于证明身份的凭证。大概只有出远门的时候，他们才需要用到类似的东西。这种制度，最早要追溯到2000多年前战国时期的秦国。

战国时，秦国的秦孝公支持商鞅进行变法改革，称为"商鞅变法"。改革中有一项就是编订户口，具体内容是有编户的百姓出行过关卡或住宿时，需要提供能证明身份的"验"和"传"。这些验和传，应该是用木板或竹板制成的，验上记录着持有人的籍贯、住处、样貌和家庭的基本情况。传则是当地的里正（相当于现代的村主任）、亭长（大约可以理解为秦国的派出所所长）为出门的人写的证明。这样看来，验是身份证，传就相当于介绍信了。

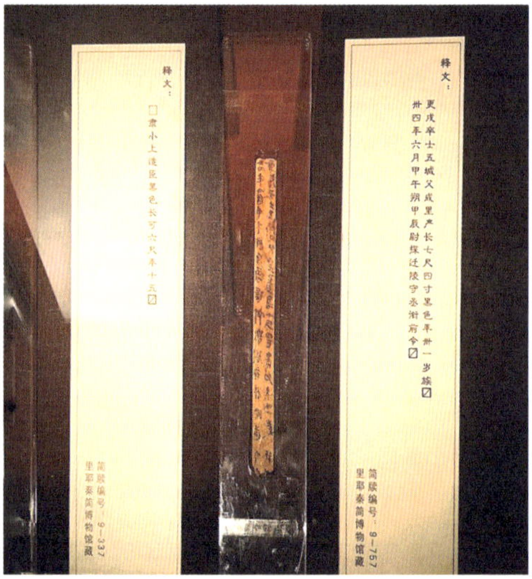

秦朝"验"的副本　里耶秦简博物馆藏

关于验和传，还有一个小故事。《史记》中记载，由于触动了贵族的利益，商鞅后来被全国通缉，当他到旅店投宿时，因为无法提供验和传而被拒之门外。所以有人说，商鞅被自己建立的制度逼上了绝路，还真是有点儿讽刺啊。

秦朝统一天下之后，历朝历代都沿用了类似验、传的制度，只不过每个时期略有不同。汉朝到隋唐用的是"过所"，没有过所的百姓无法离开家乡，可称得上是寸步难行了。唐朝的过所有固定的格式，分三部分，即公文的固定开头、供填写详细信息的正文以及结尾的颁发过所官员的签名。宋朝的时候，通过关卡时，人们一般需要出示"公凭""公验"（大多是缴税凭证），因为当时投店住宿的大多是商人，所以只要住店时能提供官府发的缴税凭证就行了。

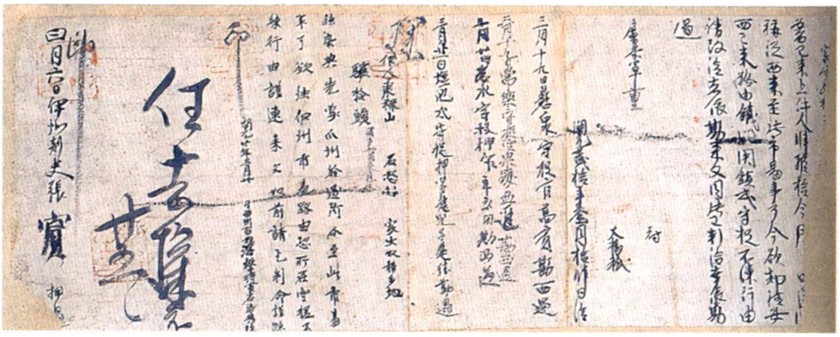

石染典过所　新疆维吾尔自治区博物馆藏

明清时有了路引制度。明朝规定，人们出行，离家超过百里，必须有"文引"或"远行丁引"等。"远行丁引"意思是要丁（成年男子）来用。明清的路引上，有的有半边印章，与官府的底档文件合二为一，称为勘合。

平民在家时的"身份证"

古代平民出行有验传、过所、路引等,这些都是以家中的户籍文件为依托的,和我们现代的身份证与户口簿非常相似。从这个意义上说,古代平民在家时,不住店、不过关,能证明身份的过硬凭证,还得是户籍文件。

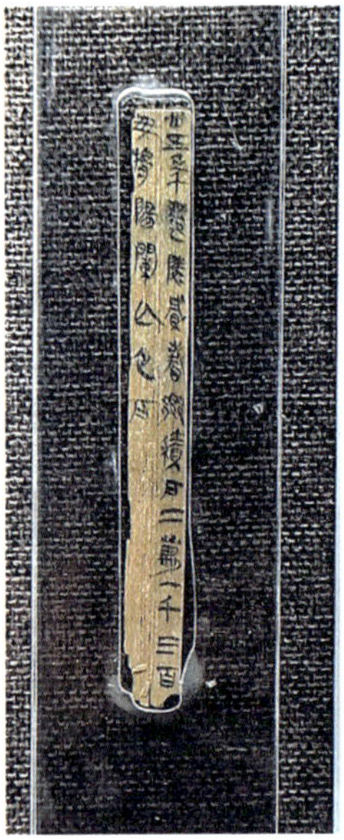

古代对人口流动的管理可是十分严格的哟!从夏朝开始,历代统治者都会颁布法令把百姓固定在户籍登记地。古籍中曾记载,禹平水土,定九州,计民数。也就是说,从4000多年前的大禹时代就开始统计管理人口了。《尚书》中说:"惟殷先人,有册有典。"这告诉我们,商朝已经有了统计人口的典册。《周礼》中记载:"司民掌登万民之数。"也就是说西周

秦简中的户籍文件
里耶秦简博物馆藏

时已经有了管理户口的专职官员——司民。当时，人口管理制度是三年一清点，分性别、地域，还要登记出生死亡等情况。秦朝延续了秦国商鞅变法的编户制度。我国迄今出土的最早的户籍登记文件，就是在秦简中发现的。

在明朝之前，一般情况下，平民无法随意离开自己的居住地，自然也没有专门证明自己身份的证件。历朝历代的人口清查，都以一定方式登记百姓的姓名、性别、年龄等，但这些信息或者能证明户籍的文件，都像秦简一样由官府掌管，因此，平民百姓想要证明自己的身份，就只能依靠邻里乡亲或地方官员来印证了。

这种情况到明朝时终于发生了转变！明朝初期，天下刚刚安定，政府开始进行全面的人口普查："每户给以户帖……以

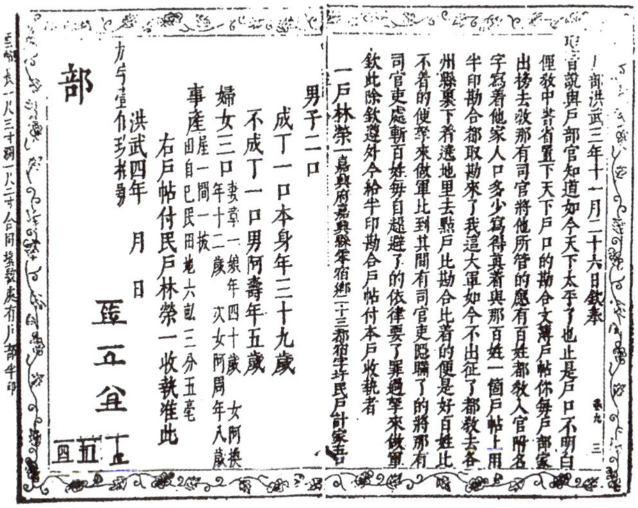

明朝崇祯《嘉兴县志》中收录的明朝初年的户帖

字号编为勘合，识以部印。籍藏于部，帖给之民。"这里的"户帖"就如同我们今天的户口簿，官方把每家每户的籍贯、住址、成员信息和资产等做好登记，填写好之后交给居民收存。

当时的律法规定，户帖每隔十年要重新编造。各地的户帖整理成册汇总到朝廷，称为"赋役黄册"，根据黄册中的人口信息就可以方便地征收赋税了。清朝时又有了"保甲循环册"，它由循册、环册两册组成，在格式、内容上完全一致。一册存在官府以备查阅，一册放在基层随时登记、定期互换。

特殊人群的"身份证"

商鞅变法针对普通人出行有验传制度，那官员想要证明自己的身份用什么凭证呢？那就是符，或者叫符牌。

符是我国古代朝廷传达命令、调兵遣将、任命官员以及官员表明身份的凭证。我国迄今发现的最早的兵符是战国时期秦国的杜虎符，可以用来调兵遣将，不过，使用者必须将两半虎符合在一起才能调动兵马。汉文帝时，皇帝会发给地方官员一种长约五寸的竹质印信——竹使符，上面刻有篆体字，地方官员有了它就能够行使职权，这大概就是古代最早的官员的"身份证明"啦！

我国的历史上，有很多朝代存在的时间很短，但这些朝代的官员也都有自己的"身份证明"，例如仅存在了 59 年的南朝宋，皇帝为官员颁发的任命书叫作除身，而同时期的北朝，皇帝为官员颁发的此类文件叫作告身。南朝的梁、陈时，朝廷会把官员的信息写在鹤头板上，送到这个人的家中，所以鹤头板也成了身份的证明。

隋朝统一南北之后，官员的"身份证"终于有了统一的名称——告身，从隋、唐一直到明朝末年，告身都是官员身份的证明。清朝时才改了称呼，叫作"任命状"。

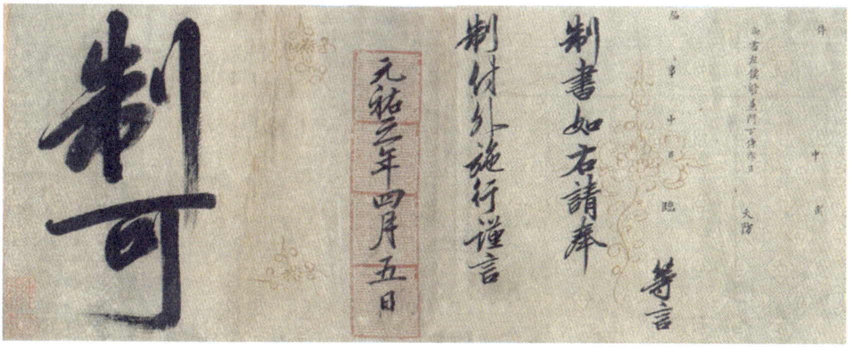

宋范纯仁元祐诰卷（范仲淹次子范纯仁的告身）　苏州博物馆藏

隋唐时期，朝廷在发放告身的同时，还会给官员颁发鱼符作为印信。鱼符往往要铸上姓名，官员随身佩戴时需要装在鱼袋中。宋朝时不再用鱼符，而直接在鱼袋上用金银装饰鱼形。明清时期的官员则用牙牌和腰牌作为身份证明。

包拯腰间的金鱼袋
《宋包文正公小像》（黑白图）
美国史密森尼学会藏

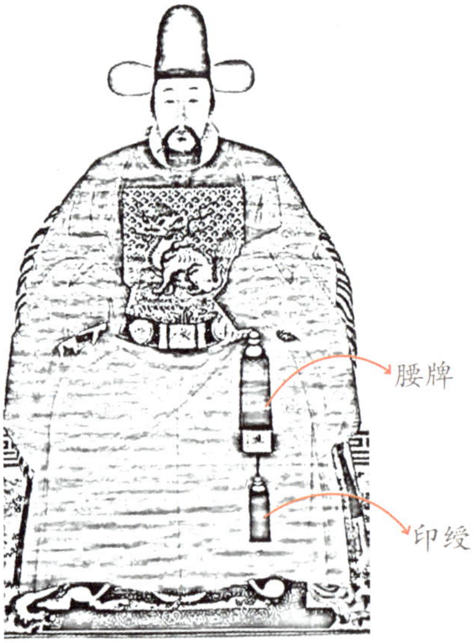

腰牌
印绶

《明李复初像》（黑白图）
首都博物馆藏

大家可能会问，除了平民、官员，其他职业的古人有"身份证"吗？原来，古代官府也会给特殊职业的人颁发证明身份的证件，有点儿像我们现代的从业资格证。比如唐宋以后颁给僧尼的戒牒或度牒，就是官方发给僧侣的"身份证"。

随着时代的发展，身份证也在不断完善。现在大多数人持有的是卡片式的第二代居民身份证，未来或许还会出现更加方便、精确度更高的数字身份证呢！

古代出行如何认路

生活中常有一些方位感比较差的人,他们不管去哪里都要依靠电子地图的导航功能,否则一不小心就会迷路。那么,古代既没有电子地图,交通也不发达,那时的"路痴"出门该怎么办呢?

顺着官道走,出行不犯愁

你可能会说:"古人可以问路啊!"但其实问路并不太靠谱儿。根据历史记载,楚汉相争时,项羽在垓下之战吃了败仗,逃跑时迷路了,他向农夫问路,农夫就给他指了一条错误的路。于是,项羽和手下就陷入了泥沼之中，不幸被刘邦的部队追上。项羽进退失据，与敌人几番争斗之后，最终在乌江边自刎。可见，关键时候，问路也有风险。要是项羽手下有人认识"官道"就好了，顺着官道走，迷路的概率应该小很多。

官道，顾名思义就是古代官方出资修建的道路，目的是更方便下发政令、运送物资、出征打仗以及押送犯人等。实际上，普通百姓同样可以走官道。

早在商朝时，从国都通往各地的道路体系就初具规模了，到周朝时出现了贯穿镐京（西周的国都）和东都洛邑的"周道"。战国时期，诸侯国为了方便通行和运输，增强国家实力，纷纷在周道的基础上修建次级公路，但是这些公路的规格不同，宽窄不一，十分混乱。于是，秦始皇一统天下后，实行"车同轨"制度，将车轨宽度统一，并把之前各诸侯国的主干道连接起来，称为"驰道"。因为秦朝是我国历史上第一个大一统的中央集权王朝，所以有人把驰道称为我国历史上最早的"国道"。

位于河北省井陉县的秦皇古驿道

秦朝修建的驰道，有很多一直用到清朝时期。清朝的官道可以分为三个等级——官马大路、大路、小路。官马大路就是连接各省之间的主干道，以北京为中心向全国辐射，大概相当于现在的高速公路；大路类似于现在的国道，连接省内的重要城市；小路则相当于省道，由大路延伸向乡镇。如此完善的官道体系，可以使古人轻松到达乡镇，而且官道上有官府所设的驿站，出行也更加安全。

不过，无论哪个朝代，在官道上出行都要注意遵守交通规则才行，也就是"贱避贵，少避长，轻避重，去避来"，这种规则其实是等级制度的一种体现，如果不遵守这种交通规则，后果可是很严重的哟！

"路程书"在手，天下到处走

当然，光有官道对"路痴"来说远远不够，他们还需要"路程书"。

古代的路程书就相当于我们现在的地图册，主要记载道路的分布和走向，能够帮助人们识别道路。路程书里面不仅有文字描述，还有图示说明，旅行者可以通过图示判定自己所处的地理位置，以便安排此后的行程。

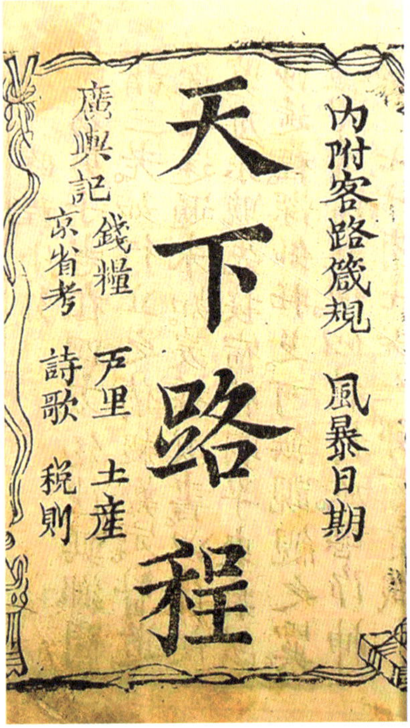

南宋时期，由于商品经济繁荣发展，商人们经常走南闯北贩卖商品，所以各种路程书就成为他们的必备工具。其实不仅商人需要路程书，官员进京述职，士人进京赶考，也都需要路程书的帮助。比如元朝的《古杭杂记》中记载，宋朝时"……印卖《朝京里程图》，士大夫往临安（南

晚清时的路程书

宋都城），必买以披阅"。明朝时，出现了著名的路程书《一统路程图记》，它既是路程书，又是行商的指南。我们所熟悉的徽商和晋商都是当时路程书的编撰者，他们记录了商路沿线各地点之间的交通距离、水陆情形以及治安状况、物产风俗、名胜古迹等方面的内容，既为人们指路，也为后人留下了宝贵的地理信息。

古代的路程书中，还记录了根据路程编成的歌谣，这样方便教给不识字的普通人背诵。古代的路程书已经进入千家万户，是人们旅行、经商、科举的必备指南！正如晚清的《杭州上水路程歌》抄本里说的"津迷只把程图看"，路程书对远行的"路痴"有指点迷津的作用。

识路有路标，方便又可靠

光靠走官道、看路程书还不够，古代"路痴"认路离不开的还有一样，那就是看路标。古代指路的标志有"堠（hòu）"和指路碑等。

你可能会好奇，堠是什么？堠其实就是按照一定距离堆出来的土堆。从东汉开始，官道上就有这种小土堆。堠能够起到分程计里的作用，也就是能够标记里程，帮助行人了解自己到底走了多少里路。土堠每五里便设置一个，称单堠；十里两个，称双堠。因此古人可以通过数路途中经过的堠的数量计算道路

陕西省潼关县太要镇的单堠

里数。当遇到岔路时，堠还可以帮助人们辨别方向。

此外，在面对岔路时，能帮上忙的还有能够指路的石碑，指路碑一般立于南方山区的交叉路口，碑上刻字来表明往左走是何处，往右行是何地。

南方山区中语言多样，素有"十里不同音"之说。不同地区的人们之间要以官话为媒介才能交流，然而，除了读书人、乡绅以及在外经商闯荡的人能听懂也能讲官话外，其他民众大多不会讲官话，也听不懂官话。即使在山路上碰到人，也可能因语言不通、交流困难而迷路。经常有人在山路上转来转去，被困在山里几天几夜，有的甚至有生命危险。所以山区里的人们就喜欢在岔路口立指路碑，为行人指路。

除了以上这些方法，古代

的"路痴"还可以凭借道路两旁的行道树、驿站等来认路。从古人的这些认路方法中，我们是不是能体会到他们无穷的智慧呢？以后外出旅行时，不妨去发现那些属于古人的认路标记，亲身感受跨越时间的传承。

日用之妙

2400多岁的冰箱

炎炎夏日,酷暑难耐,我们如果能够吹一吹空调,再吃一口从冰箱里拿出来的冰淇淋,是不是感觉十分惬意呢?你是不是很想知道古人是如何熬过挥汗如雨的夏天的呢?他们极有智慧,在2400多年前就发明了既能当空调又能当冰箱的"神器"——冰鉴。

冰鉴的由来

看,这就是战国时期的青铜冰鉴,出土于湖北省随州市的战国曾侯乙墓,已经有2400多年的历史了,堪称世界上最早的冰箱。

青铜冰鉴的长宽均为76厘米,高63.2厘米。

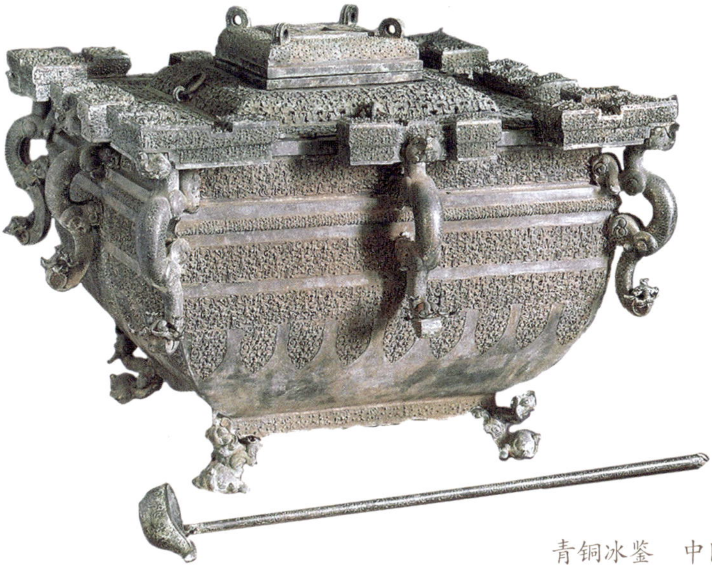

青铜冰鉴　中国国家博物馆藏

　　它的支腿是四只龙首兽身的怪兽，鉴身的四面和四棱上共有八个拱着身子的龙形钮，鉴身上雕着蟠螭纹，外观十分精美。

　　冰鉴在功能设计上十分科学。它大体呈方斗状，四侧的钮便于搬运，顶盖有孔，方便冷气散发。鉴的正中放着缶，两者呈"回"字形嵌套，缶与鉴之间留有空隙，可以存放冰块。水果、饮品等放在缶中，相当于我们把食物放进冰箱中冷藏。盖上盖子后，冰块散发的冷气从顶盖的孔中逸出，还能给室内降温呢，这简直就是冰箱与空调的完美结合！

　　十分有意思的是，专家推断，古人制作青铜冰鉴的灵感来源，有可能是他们挖的地窖！2010年，考古工作者在浙江省台州市的灵山遗址中挖掘出一件距今5000多年的新石器时代的木井圈。这件木井圈直径1米，高95厘米，是把整根木头挖空做成的。它没有底，能够放在古人挖的井坑里。考古专家认为，古人当时已经会在阴凉的地窖中储存季节性食物，所以这件木井圈极有可能是古人在井坑中储藏食物的容器。

新石器时代木井圈　台州市路桥区博物馆藏

另外，在距今4000多年的山西陶寺遗址中，考古工作者发现了迄今最早的"凌阴"遗址。凌阴就是冰窖。陕西省、河南省发现的一些遗址中也有凌阴。《周礼》这本古书中，也有关于凌阴的记载，书中说，管理凌阴的凌人冬天要斩冰藏冰，夏日要分发冰块，秋天要检查凌阴是不是清扫干净了。看来，正是古人储冰、用冰的智慧，才让冰鉴的出现变得顺理成章。《周礼》中还记载了"祭祀供冰鉴"，意思是，周朝时，夏季的冰非常珍贵，冰鉴只有在祭祀时才能使用。

高高在上的冰鉴

从先秦直到明清时期，冰窖和冰鉴在历朝历代都是官僚贵族们的"最爱"。

唐宋时期，人们学会了用硝石来制冰，冰块的使用范围逐渐扩大，很多平民百姓在夏天也能用上冰块。宋朝的冷饮铺子遍布大街小巷，冰镇冷饮五花八门，吸引了无数客人购买，估计和我们现在的冰淇淋一样受欢迎。如此大的用冰量，自然少不了冰鉴的身影。简易版冰鉴开始流行，成了一些有实力的商贩卖冷饮的"神器"。根据史料记载，宋朝的冰鉴很多是木质的——材料易得，还是上下两层的——容量更大。

从元朝开始，出现了用陶瓷做成的箱子形"冰鉴"。明清时期，木质冰鉴在王公贵族家中很常见，做成箱子形的也被称为"冰箱"，其原理与青铜冰鉴大体相同。当时制作冰鉴的主要原料是红木、黄花梨木、柏木等质地较为细腻的材料。这些冰鉴内大多会有一层格屉，便于放冰；内壁和底部会施一层铅或锡，可以很好地保护冰鉴内壁，防止冰水渗入细腻的木材中，延长冰鉴的"寿命"。古人的巧思真是令人拍案叫绝！

清朝时，宫廷内使用的木质冰箱有不少是经过精心设计、制作而成的，有的甚至会用上十分"高大上"的掐丝珐琅工艺，这种冰鉴看起来更加精美，造型

柏木冰箱　故宫博物院藏

清乾隆掐丝珐琅冰箱　故宫博物院藏

与色彩都十分惊艳，体现了清朝工匠高超的技艺。

在古代，天子会把珍贵的冰当作赏赐物送给有功之臣。而特定规格的精美冰鉴一般只供天子使用，清朝时，普通百姓需要凭借"冰票"买冰，朝廷严禁民间使用超过规格的冰鉴。可见，在古代，冰鉴不仅是解暑器具，更是身份的象征。我们现在能非常便捷地用上冰箱，要珍惜科技进步带给我们的幸福生活哟！

用筷子"夹起"中国文化

俗话说："民以食为天。"提到饮食就不得不说一下我们一日三餐必须用到的餐具——筷子。筷子看起来是不是十分容易制作？要知道，筷子有着十分悠久的历史，小小的筷子，"夹起"的却是悠久绵长、博大精深的中华文化。

6000多岁的筷子

传说筷子是大禹发明的。大禹为了治理水患，常年在外奔波，有一天他饿得受不了，就在野外架起陶锅烧煮食物，锅里的汤滚烫，大禹又等不及晾凉食物，便急中生智捡起一根树枝，折成长度相同的两段，用手握着从锅中夹起食物来吃。旁边的人看到大禹的做法，纷纷效仿，这种用树枝做的筷子就逐渐流行起来了。当然，这只是一个传说，发明筷子的不一定是大禹。但考古学家们普遍认为，最早的筷子恐怕正是来源于古人随手捡起的树枝。

除了树枝，考古学家还发现了用骨头制成的筷子。在江苏省高邮市龙虬庄遗址中，考古工作者发现了40多支有6000多年历史的骨箸（zhù），被认为是我国迄今发现的最早的筷子。

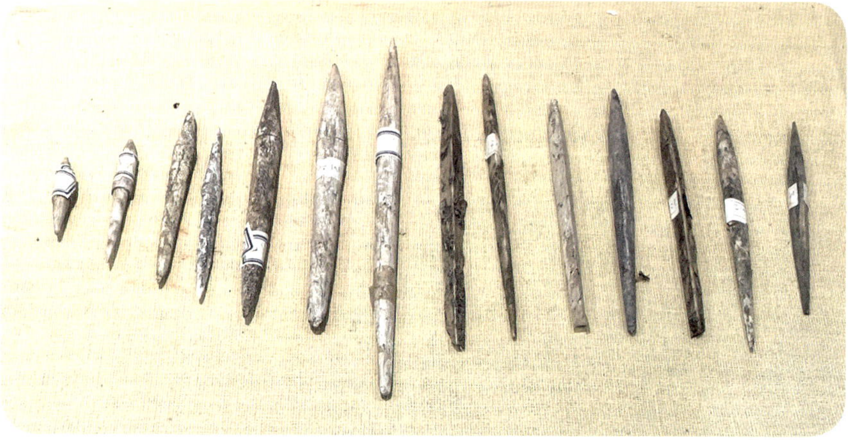

骨箸　龙虬庄遗址陈列室藏

安阳殷墟出土的铜筷子

战国时期的《韩非子》一书里，记录着商纣王使用象牙筷子的事情。可见，战国人认为，商朝人就已经使用不同材质的筷子用餐了。而这种说法现在已经被安阳殷墟中出土的铜筷子证明，这些铜筷子是我国较早的一批筷子实物。

几千年过去了，木、竹、玉、石、水晶、铜、铁、钢、塑料等不同材质的筷子相继出现，令人眼花缭乱，筷子上的纹饰也更加繁复精美。

中国人为什么爱用筷子呢

了解了筷子的历史，又一个问题产生了——为什么中国人习惯使用筷子呢？

专家们推测，我们的祖先最初使用筷子，大概是为了方便夹取煮熟的肉食。后来，人们学会了种植粟和黍等农作物，开始吃小米饭，还发明了用小米面做的面条儿，吃面条儿，自然是用筷子更方便啦！2002年，考古工作者在青海省民和回族土族自治县的喇家遗址发现了距今4000多年的小米面条儿，这也是迄今为止我国发现的最早的面条儿。

喇家遗址发现的小米面条儿

春秋战国时期，小麦种植面积扩大，人们开始吃小麦做的面条儿。两汉时期，人们发明了石磨，小麦做的面条儿成了中国人的家常便饭。到了宋元时期，小麦的种植面积更大了，有了"苏湖熟，天下足"的说法。明清以后，面条儿这种美食几乎遍布南北，吃面条儿必备的筷子自然也成了不可或缺的餐具。

山东省嘉祥县武氏祠汉朝画像石中使用筷子的场景

当然啦，面条儿只是人们的主食之一。作为农耕民族，中国人经常吃的食物还有馒头、米饭、蔬菜等，这些食物使用筷子来夹更加方便。中国人特别喜欢研究各种烹饪技术，讲究"食不厌精，脍不厌细"，蒸、煮、煎、炸、炒、烤、涮、焖、熘、烙……各种烹饪方法，做出了数不清的美食，片、块、丝、条、球、丁等不同形状的美食，用筷子都可以轻松应付。

使用筷子，还有许多好处呢。经常使用筷子，不但五根手指愈加灵活，还能通过大脑和人体肌肉、关节等相互配合，锻炼四肢和大脑，提高人的技巧性、灵活性。儿童使用筷子可以促进早期智力发育，老年人使用筷子则可以缓解脑血栓等症状。

大有讲究的名字

筷子最早是木质的，所以在先秦时期被称为"梜"（jiā）。那时候，喝汤时汤中如果有菜就要用筷子。古人还为此专门记录了"喝汤须知"，真是太可爱了。

从汉朝开始，筷子被称为"箸"。汉朝有一个大政治家叫张良，他曾经用箸当算筹，为刘邦出谋划策。这就是成语"借箸代筹"的由来。

大约在明朝时，箸才被称为筷子。为什么改名呢？有不少说法，大多都认为是因为谐音。比如当时有个叫陆容的人说，因为江南地区的船家忌讳"箸"与"住""蛀"谐音，怕船停了、被虫蛀了，所以把箸称为"快子"，后来加竹字头，就成了"筷子"。

中国是礼仪之邦，在传统文化中，不但筷子的名字有讲究，如何使用筷子也有很多讲究。比如，一双筷子要长短一致，用筷子吃饭时声音不要太大，不能将筷子放在口中来回嗦，不能用筷子敲饭碗、餐盘等，不同场合要使用不同颜色的筷子，不同颜色的筷子不能混用……虽然随着时代的发展和生活节奏的加快，使用筷子等餐具的礼仪被人们逐步简化，但我们要知道，正确使用餐具，体现的是一个人的品德和素养哟。

经过千百年的发展演化，筷子成为中国文化的一种符号，有了特殊的文化属性，人们也赋予筷子很多美好的寓意。例如：筷子头圆尾方，有天圆地方的寓意；送小孩子筷子，祝福孩子快快成长……小小的筷子，夹起来的不仅有美食，还有绵延至今的中华文化。

近视了，古人这么办

因为长时间盯着电子屏幕或在光线昏暗的地方看书等种种不正确的用眼习惯，很多人视力下降，不得不佩戴近视眼镜，才能看清稍远一点儿的东西。大家有没有想过古人也有可能被近视困扰，那他们是怎么应对的呢？

近视了？快保护眼睛

有的同学会说，我在古装影视剧中很少看到戴近视眼镜的人呀！其实，我国古代很早就有关于近视的记载了。

大家都知道甲骨文吧？那上面就有"疒（nè）目"

的记载，意思是"眼睛生病"，这眼病中没准儿就有近视呢。《史记》中，孔子说周文王"眼如望羊"，望羊也是一种眼病，大概意思就是往远处看的时候一片迷茫。战国时期，大名鼎鼎的韩非子不但口吃，还是一个货真价实的近视眼。汉朝的匡衡凿壁借光，想必眼睛也不怎么好。隋朝时有本书叫作《诸病源候论》，把"近视"一词作为眼病的名字。宋朝的欧阳修是个文学家，他眼睛近视看不清字，就让人读书给他听。我们读过的"司马光砸缸"，故事中的主角司马光是北宋一位政治家、文学家，他"素有眼疾，不能远视"。清朝的文学家纪晓岚也是"貌寝短视"。天哪，堂堂的大才

子长得丑还近视,这反差实在太大了!

从上面这些例子中我们可以看出,古代近视的大多是读书人。这些人要是近视了,看书都要贴着书,好像在闻书香一样,所以古人美其名曰"闻墨"。

有这么多人近视,古人有什么保护视力的方法吗?古人会用中药调理、改善视力,唐朝的《备急千金要方》一书中就列出了71种护眼的药方。明朝的医书《本草纲目》中也记载了许多调理眼睛的药材,如芜菁(wú jīng)花能够"补肝明目",槐树的果实可以延年益气,让人有精力在晚上读书。

古人还会闭目养神保护视力。唐朝的大诗人刘禹锡说:"减书存眼力,省事养心王。"意思是多让眼睛休息来减轻眼睛的疲劳。古代没有电,人们只能点油灯学习,油烟会产生对眼睛有害的物质,所以古人就想办法改良灯油来保护视力。宋朝人说:"枸杞子榨油,点灯观书,能益目力。"原来,他们发现把枸杞子榨的油用作灯油,油灯散发的是柔和的光,能缓解眼睛疲劳。

最令人想不到的是，古代也有"眼药水"呢。据古籍记载，北宋的大诗人苏轼酷爱读书，但由于用眼过度导致眼睛疼痛，他会用热水或者药水擦洗的方法来缓解眼痛。

近视眼镜，古人也会造

近视是一种器质性的疾病，所以，普通的护眼方法治标不治本，上面的种种方法，只能缓解疲劳，并不能真正解决近视眼看不清楚的问题，所以呀，在没有激光手术的古代，得了近视的古人要想看得清楚，也得请出近视眼镜来帮忙呢。

要知道，从文献记载看，我国先秦时期就有了帮助人们看东西的放大镜。考古工作者在东汉光武帝刘秀的儿子刘荆的墓

我还有一个名字叫作"读书石"。

刘荆墓中出土的金圈嵌水晶石放大镜

中，发现了一面金圈嵌水晶石放大镜，长得像单片眼镜，能够把字放大4至5倍。南京市郊的一座晋朝墓葬中也曾出土过能够将字放大3至4倍的水晶石镜片。

宋元时期，单片的水晶放大镜可能已经有了手柄，变成了专用眼镜。古籍《洞天清录》中有这么一句话："叆叇（ài dài），老人不辨细书，以此掩目则明。"意思是老人看不清小字，把叆叇放在眼前就能看清楚。这里的"叆叇"会不会就是老花眼镜呢？既然有了老花镜，那近视眼镜估计早就已经有了。

明朝时，终于出现双片眼镜了。看下页明朝万历年间的画作《南都繁会图》，仔细观察，你看到戴双片眼镜的人了吗？图中的这副眼镜看上去是可以折叠的，人们在两个镜片上打孔穿线，然后把眼镜挂在鼻梁上使用。不过，这副眼镜上竟然没有鼻托和眼镜腿，估计佩戴者的体验感不会太好呢！

明末清初，苏州、杭州一带成了我国较早的眼镜制作中心。有个光学仪器专家孙云球还写了一本书叫作《镜史》，这本书中记载了大量眼病患者的症状，并列出了很多"随目配镜"的方法，书中还记录了昏眼镜、近视镜以及多面镜、万花镜等70余种眼镜。

　　清朝时，西方的眼镜传入我国。雍正皇帝就是一位"眼镜

《南都繁会图》卷（局部）　中国国家博物馆藏

戴眼镜的老者

狂"，据说他有200多副眼镜！西方眼镜易于使用，矫正视力的效果良好，乾隆皇帝也极力帮着推广，还写了很多专门咏眼镜的诗。末代皇帝溥仪的宫廷中，还有专人为他制作眼镜。

溥仪皇帝的金丝眼镜　故宫博物院藏

随着眼镜作坊的规模越来越大,眼镜的材质与样式更加多样化,装饰性与实用性也结合得越来越好,普通百姓也用得起近视眼镜了。发展到现在,眼镜的质量与效果自然比古代好了不知道多少倍,但是,我们要知道,近视几乎是不可逆转的,我们一定要从小保护视力哟!

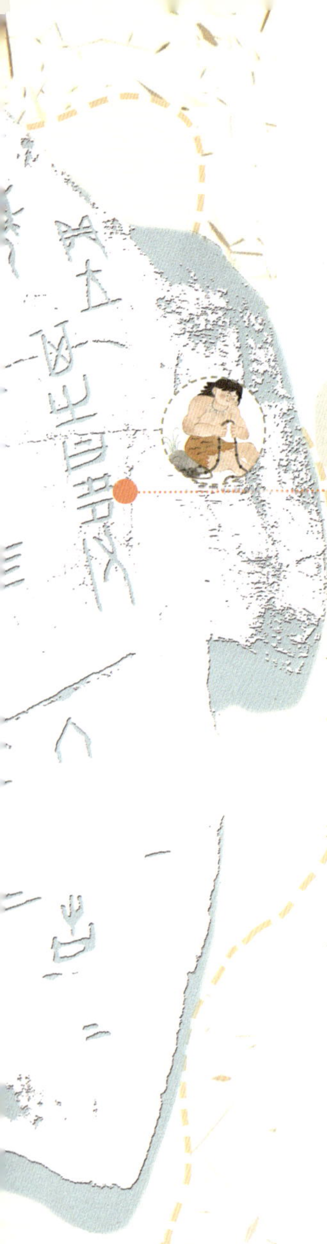

记事、计数有窍门

现代社会，谁也离不开用文字记事。职场中，人们要写工作备忘录；学校中，学生们需要在笔记本中记录学习笔记，记录身边的大事小情。那么，遥远的上古时期并没有文字，人们在日常生活中是怎样记事的呢？答案就是结绳记事。

路由器真的"穿越"了吗

了解结绳记事之前，我们先来看一件春秋时期的奇怪文物——云纹铜五柱器。

这件文物1959年出土于安徽省屯溪市（今黄山市屯溪区），长相十分奇特，它有上下两个部分，下

看，我俩长得像不像？

云纹铜五柱器　安徽博物院藏　　　　　　无线路由器

边是空腹的方座，四壁微微鼓起，表面装饰着的弯曲的云纹，经过 2000 多年的时光，依然清晰可见。上边是五根粗细差不多的铜柱，长约 16.5 厘米，五根柱的间距也差不多。这看起来是不是有些眼熟？五柱器看起来怎么这么像咱们家中常用的无线路由器呀！

这当然并不是无线路由器，有人说它像是件乐器，有人说它是放置乐器的底座……这些说法都不太令人信服。更权威一些的说法是，这个五柱器其实是结绳座，也就是挂绳子用的，这里的绳子就是结绳记事的绳子。

先秦古籍《周易》中说："上古结绳而治。"看来，在没有文字的上古时代，人们一般是用给绳子打结的方法来记住或传达重要事情的，比如某人采集了多少果实，捕获了多少猎物等。绳子上每打一个结就代表一件事，大事打大结，小事打小结。每种结法、距离大小以及绳子粗细都表示不同的意思。专家推测，当时部落中会有专门的人遵循一定规则保存打结的绳子，还要把绳子挂到安全的地方。这种习惯一直保持到了春秋时期，用来挂绳子的五柱器逐渐变成了祭祀用的礼器。

除了《周易》，还有不少古籍，例如《尚书》《左传》等也都有结绳记事的记载。《唐会要》中记载，吐蕃人"刻木结绳

为约"。南宋的朱熹在自己的文章中记录了当时西南地区的"溪峒蛮"结绳记事。明清时期，学者顾炎武在自己的文章中提到，遵义地区以打猎为生的山民"结绳以为数"，意思是，他们用结绳的方法记录交易猎物的数量。

新中国成立之后，西南少数民族中还有一些结绳记事的实例。例如云南的独龙族，直到20世纪50年代仍处于刀耕火种的原始生活形态，那里的人就用结绳的方式来记录时间。独龙族人把有许多绳结的麻绳挂在床头，如果出远门，就会把麻绳系在腰间，以免忘记。

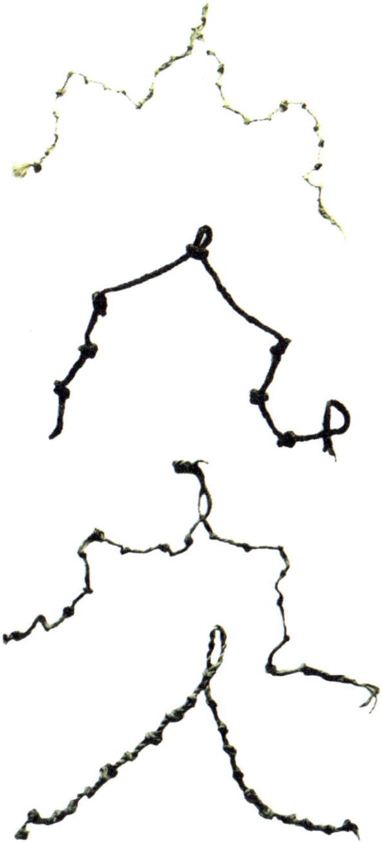

独龙族结绳记事的实物
云南民族博物馆藏

从结绳记事到刻画符号

很早很早以前，人们用结绳来记事、计算数据、记录日程。

有一次，两个来自不同部落

的人约定50天后见面，地点呢，就定在了森林洞穴。为了记住这件事，两个人各自拿出一根绳子，同时系了50个结，每过一天就各自解开一个结。直到结全部解开时，两人前去赴约。这次见面，他们又相约下次见面在30天后。但他们突然觉得这样系绳子实在太麻烦了，于是各自找来一块石头，刻了30条线，每条线代表1天，过1天就画掉1条线，这样他们就能记住30天后的再次见面了。

这个小故事展现了人们从结绳记事过渡到刻画符号的逻辑。用结绳的方法可以计数、记录简单的事情，但有较大的局限性，不仅麻烦，还只能记录非常简单的事情，无法交流思想、表达感情、传递复杂的信息。所以聪明的古人就想到了在竹片、木片、石头、龟甲、兽骨等坚硬的物体上刻画符号来做记录。古人把刻称为"契"，刻画符号记录约定的内容就被称为"契约"。

契刻时最重要的是什么？当然是双方约定的日期或交易数字啦！所以时间久了，人们就学会了数据汇总，而且用的是十进制的计数方法。为什么用十进制呢？专家认为，这和人的十根手指有很大关系。远古时期，人类没有文字，也没有算盘，都是靠着天生的十根手指头来数数的。

专家研究发现，早在5000多年前我国就有了数字

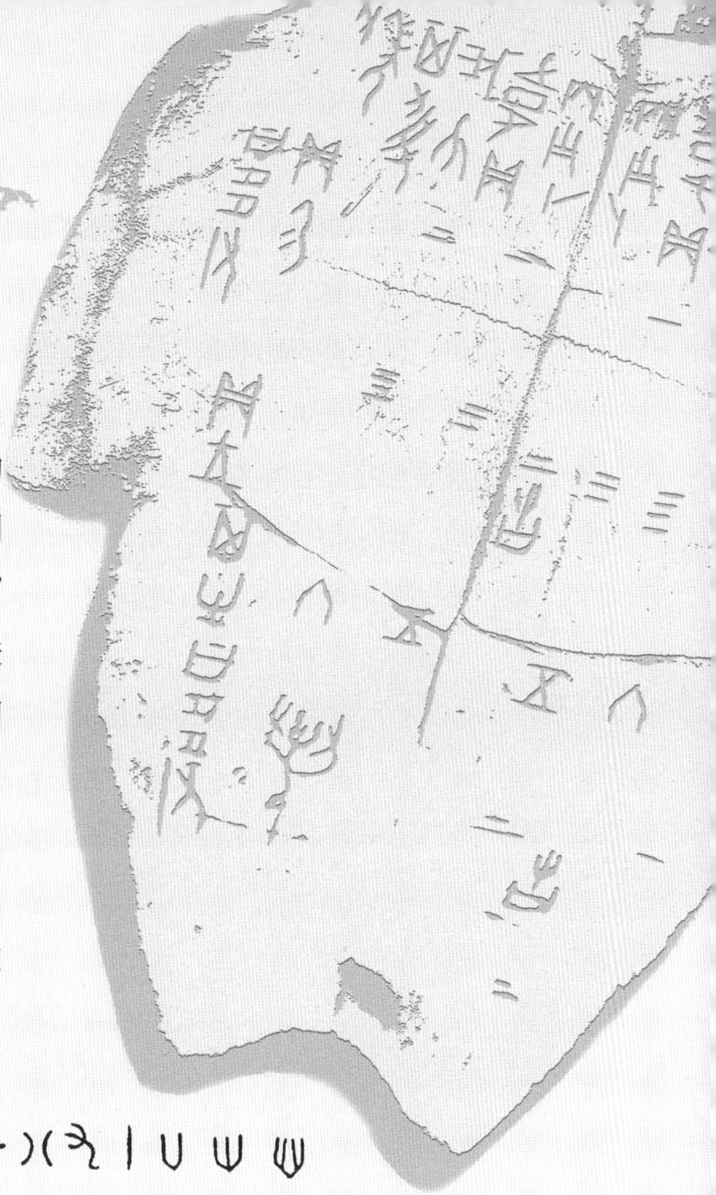

符号，3000多年前的商朝有了完整的十进制系统，那时的"数学家"可以熟练运用十进制进行计算，还在甲骨或陶器上刻数字，用一、二、三、四、五、六、七、八、九、十、百、千、万等数字计数全都不在话下。

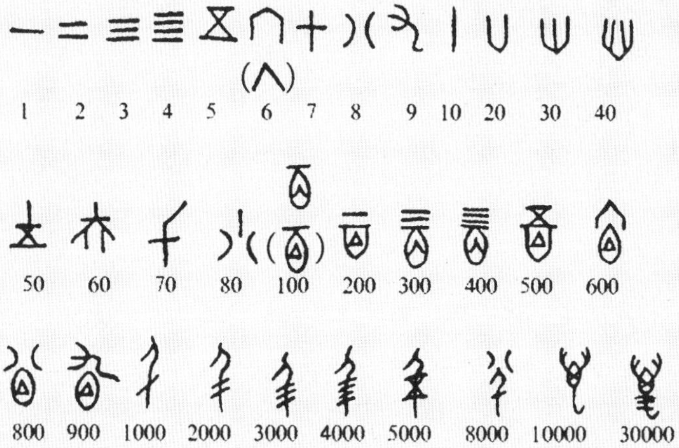

甲骨文中的数字

1	2	3	4	5	6	7	8	9	10	20	30	40

50　60　70　80　100　200　300　400　500　600

800　900　1000　2000　3000　4000　5000　8000　10000　30000

考古工作者还在战国时期的墓葬中发现了竹子做的算筹，这也是帮助计算的。最神奇的是，当时的人们已经会用九九乘法口诀了，这些都为我国古代数学的发展奠定了坚实的基础。

看，先秦时期，古人记事、计数的方法是不是非常巧妙呢？我们现在记事、计算有了更好的工具，不仅方便快速，而且简单易懂，但是请大家不要忘记——工具可以使用，脑筋不能偷懒，该动脑的时候一定要动脑哟！

休闲之趣

爱养"猫咪"的古人

毛茸茸的身体，粉嫩嫩的鼻头，肉嘟嘟的爪垫，一眨一眨的大眼睛，圆乎乎的脑袋上还顶着一对尖尖的小耳朵……猫凭借"超萌"的外表、优雅的身姿和慵懒的性格，让很多人忍不住喜爱，自觉成为"铲屎官"。但你知道吗？猫咪早在古代就已俘获了人类的心，上到九五至尊，下到普通百姓，猫咪收获了无数粉丝。

猫猫队立大功

在2500多年前春秋时期的古籍《诗经》中，有这样的诗句："硕鼠硕鼠，无食我黍。"意思是大老鼠呀大老鼠，不要吃我种的黍。可见古人对偷吃粮食的老鼠憎恶至极，他们一直在寻找治鼠的办法。

这时候，猫进入了人们的眼帘。猫的听觉和嗅觉十分灵敏，它们昼伏夜行，身手敏捷，动作灵活，攀爬跳跃不在话下，是公认的捕鼠能手，自然而然成了为古人捕鼠的"有功之臣"。

几百年后的战国末期，《韩非子》一书中有我国迄今最早驯猫捕鼠的记录"使鸡司夜，令狸执鼠，皆用其能"，意思是让公鸡打鸣儿，让驯化的狸猫抓老鼠，各自发挥它们的长处。当时的人们认为，万物皆有灵，于是猫就成了人们祭祀的农神之一。记录先秦礼制的重要著作《礼记》就记载："迎猫，为其食田鼠也。"因为猫吃田鼠，所以就有了"迎猫之礼"。

汉朝时，养猫捕鼠变得更加普遍。在长沙马王堆汉墓中，考古工作者发现了一件小漆盘，盘子上面就有狸猫的花纹，这也是我国迄今发现最早的有关猫的图像。汉武帝时的名臣东方朔曾说，让宝马到深宫里去捉老鼠，它还比不上一只瘸腿的猫，可见当时宫廷中已经养猫了。

"君幸食"狸龟纹漆盘　湖南博物院藏

唐朝时，喜欢养猫的人很多。唐末有个人叫张抟，照我们现在的说法，他就是一个典型的"猫奴"。据说他养了许多猫，有紫色的、白色的，还有花猫，他为每只猫都取了好听的名字。宋朝的大诗人陆游的祖父陆佃曾经解释"猫"字的意思：猫能够捕捉毁坏禾苗的老鼠，解决田中的鼠患，于是用"苗"字作为声旁，称这种捕鼠的动物为"猫"。

除了是老鼠的克星，猫还能帮助古人判断时间。猫的瞳孔会随着太阳光线的变化而改变形状，比如唐朝的笔记小说集《酉阳杂俎（zǔ）》中就提到猫的瞳孔晚上是圆圆的，到中午时则竖着眯成一条线。古人就通过观察猫的瞳孔，来判断一天的时间变化。

到了宋朝，人们把猫当作宠物来养已经很普遍了。这是因为当时经济繁荣，社会安定，所以人们有了更多的闲暇时间，养猫的热情自然高涨。那时候，猫的民间交易市场也应运而生，宋朝笔记《东京梦华录》中说，汴京（今河南省开封市）的市场中还给养猫的顾客提供猫食和小鱼，《武林旧事》中也记载，临安（今浙江省杭州市）也有类似的市场，商人们经营着"猫窝、猫鱼、卖猫儿"等一系列生意。

看，又能捕鼠，又能用来判断时间，还能当宠物养，猫的作用是不是很大？到了清朝，有个叫黄汉的资深爱猫人士，编了一本名为《猫苑》的书，从历史、文化和民俗等方面总结了猫的习性、作用等，书中还写了许多逸闻趣事，细致描述了历朝历代的养猫情况。最后，《猫苑》评价猫，说它们捕鼠之余，聪明伶俐、勇敢可爱，而且与主人很是亲密，静时花中闲坐，动时飞檐走壁、扑蝶捉鼠。这可真是古代资深猫奴对猫的最精准评价了！

朱耷《猫石图》卷（局部） 故宫博物院藏

人人都爱小猫咪

唐宋之后，猫开始成为人人喜爱的宠物。从文人墨客到九五至尊，纷纷拜倒在猫咪的"萌爪"之下，很多人都光荣地加入了"爱猫者联盟"。

宋朝的陆游写过许多关于猫的诗词，形象描述了他与猫的生活点滴。比如陆游看中了人家的猫，就拿贵重的盐做"聘礼"换过来，让它看护自己的书籍；风雨交加的夜晚，陆游会裹着毯子抱着猫咪烤火，爱猫的形象是不是一下子跃然纸上了？

宋朝的另一位著名才子黄庭坚也是资深猫奴，他在诗中描写自己饲养的猫离世后，家中的老鼠翻盘弄碗扰得他难以入睡。正巧听说别人家的母猫即将生小猫，他就买了几斤鱼做"聘礼"去迎了一只来。黄庭坚还在另一首诗中，称赞朋友送的猫有西汉大将周亚夫的风范，不计较饮食、住宿环境，还能消灭家中的老鼠。言语之中，黄庭坚对猫的喜爱真切可感。

除了才子文人，很多皇帝也无法抵挡猫的魅力。比如宋高宗赵构，他在宫廷里养的猫甚至还影响了历史的发展。赵构没有孩子，便在宗室里寻找了一胖一瘦两个小孩儿，打算让其中的一个继承皇位。一开始赵构选中了胖小孩儿，没想到，就在他要下决心时，一只猫恰好闯入殿内，胖小孩儿粗鲁地将猫一脚踢开。赵构看到后十分生气。于是，两个孩子的命运一下子颠倒了过来，胖孩子被送出了宫，瘦孩子被留了下来，最终继承了皇位。

明朝也有一位爱猫的皇帝，就是嘉靖皇帝朱厚熜（cōng）。据说当时为了迎合皇帝的喜好，后妃们纷纷开始养猫。由于猫太多了，宫内还设置了"猫儿房"专门管理御猫。曾经有一只狮子猫，备受朱厚熜的喜爱。它通体微青，只有双眉洁白，朱厚熜给它取名为"霜眉"，日夜陪伴，有时连皇帝晚上睡在哪里，都由霜眉决定。霜眉去世后，朱厚熜非常难过，好几天不吃不喝，并专门为它打造了黄金棺材，还为它修了一座"虬龙冢"。

明朝皇帝朱瞻基的《花下狸奴图》台北故宫博物院藏

不数不知道，一数吓一跳，古人养猫、爱猫的例子还真不少呢！看来，不分朝代，"撸猫"是很多人血液中流淌的"天性"呢。你喜欢猫咪吗？欢迎你加入"爱猫者联盟"！

古人钓鱼的快乐

在河边、湖畔，我们常常能看到有人在钓鱼。钓鱼到底有什么乐趣呢？或许你可以从身边痴迷钓鱼的人那里了解一下。其实，我们的古人很早就会钓鱼了，他们也很懂得钓鱼的快乐呢！

从远古到西周，钓鱼跟肚子有关

说起钓鱼这项活动，历史可是很久远的，它起源于古代的劳动过程。在几十万年前的古人类遗存中，人们发现了鱼骨，这说明我们的祖先还没有过定居生活的时候就以鱼类为食了。

鱼生活在水里，想捉到它们就需要动点儿脑筋。先民想出了很多捕鱼的方法，比如用手抓、用叉子叉、用网捕捞等，当然也有用钓钩钓鱼的。古人的钓鱼工具没有现在这么先进，一些竹条、木条、兽骨都能当作钓钩来用。在我国，从大连的广鹿岛遗址到赤峰的兴隆洼遗址，再到西安的半坡遗址，都曾经发现过新石器时代的骨制鱼钩。那时候人们的钓鱼活动，毫无疑问都是为了谋生，为了填饱肚子。

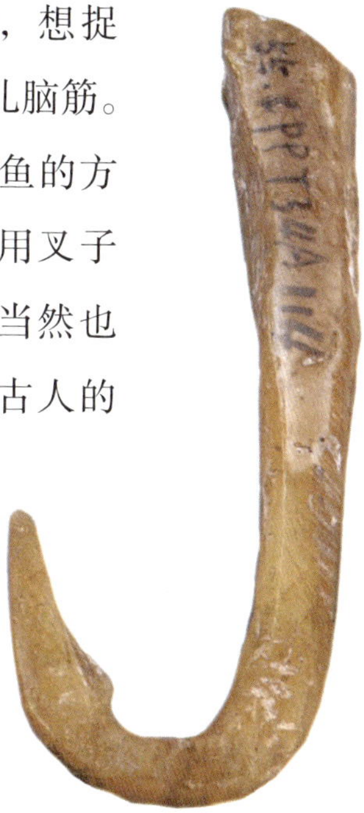

夏朝至西周时期，种植粮食逐渐成为人们获取食物的主要方式，但在一些自然条件恶劣、生产力低下的地方，种的粮食不够，很多人还得靠渔猎和采集来填饱肚子。《诗经·小雅》中一首名为《采绿》的诗，讲的就是妻子帮外出钓鱼的丈夫整理钓丝，好让他钓回肥美的鲂鱼和鲢鱼来。

随着食物渐渐丰富，人们钓鱼就不仅仅是充饥果腹了，大家开始享受钓鱼的乐趣。同学们听说过"姜太公钓鱼——愿者上钩"的故事吗？故事就发生在商朝末年，可见当时垂钓作为休闲活动已经被人们接受和喜爱。

骨鱼钩
西安半坡博物馆藏

从春秋到唐朝，钓鱼的"文艺范儿"

到了春秋战国时期，纺织业大发展，聪明的人类制作出了更加好用的渔网，因此用钓竿钓鱼逐渐成了一项休闲活动。那时候钓鱼，主要用的是青铜鱼钩。

战国时，楚国的詹何钓鱼技术非常高超，他对钓钩、钓丝、钓竿和钓饵都很有研究，在百仞（八尺为一仞，百仞形容极深或极高）那么深的深渊里都能钓上满满一车鱼来。他还给楚王讲解钓鱼的奥秘，不但详细地讲了钓鱼的技巧，还用钓鱼来比喻治国安邦的道理。后来，楚国的辞赋家宋玉专门写了一篇著名的《钓赋》，文辞非常优美，也用钓鱼来比喻治国的道理。到了战国晚期，已经出现了铁鱼钩。

又过了200来年，东汉时有一个叫严光的隐士，他年轻时曾与光武帝

青铜鱼钩
长江文明馆藏

刘秀一同游学。刘秀当了皇帝，想请严光出来做官，他派人找到严光的时候，严光正身披羊裘在齐地的大泽中钓鱼。刘秀让严光当谏议大夫，严光不干，又跑到富春山去钓鱼，后人就把他钓鱼的地方叫作严陵濑。为了钓鱼，严光连官都不做，看来是真的喜欢呀！汉朝的画像石上也有很多人悠闲钓鱼的图案，估计严光钓鱼的样子跟这个也差不多吧！

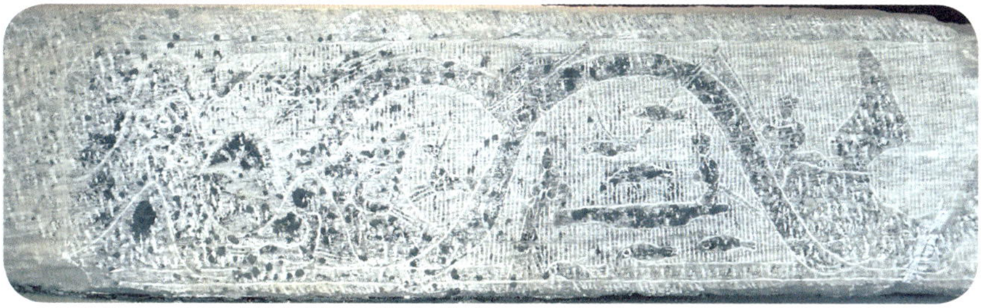

汉画像石《捕鱼》　南阳汉画馆藏

汉画像石《捕鱼》拓片　南阳汉画馆藏

汉朝以后，经过魏晋南北朝，到唐朝时，国家统一，社会逐渐安定，钓鱼成为文人之间的雅事。文人们动不动就拿钓鱼来写诗，有表达悠然脱俗的生活意趣的，如张志和的《渔歌子》：

"青箬笠，绿蓑衣，斜风细雨不须归。"有借写钓鱼抒发情绪的，如柳宗元的《江雪》："孤舟蓑笠翁，独钓寒江雪。"此外，李白的《行路难》、杜甫的《江村》等诗也描写了钓鱼的不同场景。

人人喜爱钓鱼

宋朝的文人地位很高，因为文人爱钓鱼，于是出现了不少有关钓鱼的记载，甚至有了专门的文章。

北宋有一个叫邵雍的哲学家，他很喜欢研究钓鱼的工具，还给这些工具做了系统的归纳记录。通过他的研究，我们得知900多年前的钓鱼工具，已经与现代的基本相同了。

大家都熟悉的北宋文学家苏轼也喜欢钓鱼，他在诗中说："意钓忘鱼，乐此竿线。"意思是钓鱼忘了鱼，喜欢的是钓鱼的过程。看，这股悠闲劲儿是不是非常让人羡慕呢？

到了明朝，钓鱼已经非常普及了，当时的医学家李时珍认

周臣《渔乐图》卷（局部）
故宫博物院藏

为，钓鱼能够消除"心脾燥热"，令人静心养性，把钓鱼上升到保持身体健康的高度。明朝书画家唐寅曾说："三十年来一钓竿。"可见，他写这句诗时已有三十年的钓龄了！

历史上有很多爱钓鱼的皇帝。金朝的皇帝金章宗每到春暖花开时，便会到望海楼（今北京钓鱼台国宾馆）钓鱼，兴趣上来，甚至废寝忘食，不理朝政。

明太祖朱元璋同样对钓鱼有着特殊的嗜好。

清朝乾隆皇帝在位60年，很多时光是在垂钓中度过的。

1771年的一天，乾隆在望海楼钓到不少鱼，一高兴就亲手写下了"钓鱼台"三个字，从此望海楼便改名为钓鱼台了。

到了现代，钓鱼不但是普通人休闲、休息的方式，还成了一项专门运动，各种比赛多不胜数，还出现了不少大师。

从钓鱼的发展史中，我们不难看出，在社会安定繁荣的时代，钓鱼这样的休闲活动更加流行。从最初填饱肚子，到借钓鱼言志，再到后来的文人雅趣，一直到现在的普及性全民运动，钓鱼不仅是一项简单的运动，还是我国历史发展的一个缩影。

希望大家能像钓鱼人一样，从这篇文章中"钓"到古人遇事不惊、不怕困难、言出必行、做事专注的钓鱼精神。

古人也爱踢足球

足球被称为"世界第一运动"。闲暇时光，和三五个小伙伴到球场踢上几脚足球，既放松了心情，又锻炼了身体，可谓一举两得。早在我国古代，人们就发明了原始的足球运动——蹴鞠来愉悦身心。古人爱踢球的程度，可一点儿也不比我们差！

踢足球的花样

蹴的意思是踢、踏，鞠就是球，蹴鞠就是踢球的意思。考古学家认为，最早的鞠可能是原始社会时用来狩猎的石球，闲暇时也被人们用来娱乐，后来就发展成了蹴鞠。

石球　中国国家博物馆藏

难道这就是"最早"的足球吗?

关于蹴鞠的起源，众说纷纭。有一个传说是这样的，黄帝准备与蚩尤大战，为了训练士兵，就把兽皮做成球形，然后在里面塞满兽毛让士兵们来踢。这样一来，士兵们通过踢球培养了团队精神和进攻意识，很快就打败了蚩尤。这种运动就是蹴鞠的雏形。

还有一种说法来源于《战国策》，书中说，2000多年前，战国时期有个纵横家苏秦，他求见齐宣王，夸齐国的临淄很富庶，人人都能"吹竽""鼓瑟""踏鞠"……可见，早在战国时期，"蹴鞠"这项运动就是临淄百姓喜爱的娱乐活动了，这也是迄今关于蹴鞠较早的记载。

2004年7月，国际足联在亚洲杯开幕式上郑重地宣布，中国临淄是世界足球的起源地。2006年5月，蹴鞠作为我国传统竞技项目，被列入第一批国家级非物质文化遗产名录。

战国之后又过了几百年，蹴鞠在汉朝迎来了快速发展时期。汉朝的经济较为繁荣，为蹴鞠提供了足够的物质条件。当时的统治者也喜欢蹴鞠，汉高祖刘邦的父亲刘太公就是一个名副其实的"球迷"。据史料记载，刘邦当了皇帝，刘太公跟着住进皇宫，生活富足，心情却十分沉闷。于是，刘邦就按照家乡的样子在长安附近建了一座城，为父亲请来了以前的邻居，让刘太公能够天天和老邻居们一起蹴鞠。

汉朝还把蹴鞠作为一种军事训练项目，来提升士兵的战斗力。汉武帝说，蹴鞠有利于治国，就在宫廷之中大力推广吧。当时还出现了指导性的专业书籍《蹴鞠二十五篇》，甚至还举办过女子蹴鞠赛。

唐宋时期，蹴鞠的发展达到了顶峰。唐太宗李世民、唐玄宗李隆基、宋太祖赵匡胤和宋徽宗赵佶都是历史上有名的蹴鞠爱好者。

宋朝商品经济空前繁荣，城市中爱蹴鞠的艺人自发成立了行业组织，这些组织有的叫"齐云社"，有的叫"圆社"，相当于我们现在的足球俱乐部。当时蹴鞠场上出现了由竹竿和丝网组成的球门，分为单球门和双球门。双球门比赛时对

抗性强，单球门比赛时对抗性弱，但加强了观赏性和娱乐性。蹴鞠从单纯的竞技性运动向娱乐性和技巧性运动转变，民间甚至还会对表演蹴鞠的艺人进行评级呢。

《宋太祖蹴鞠图》（局部）　上海博物馆藏

元朝出现了男女对踢的蹴鞠，但已经演变为观赏类节目。明朝初期，明太祖朱元璋曾明令禁止蹴鞠，但到了明朝中期以后，政治稳定，经济繁荣，各种球戏活动又流行起来。据说当时有个名叫郭从敬的道士就经常以蹴鞠为乐，甚至成为名噪一时的"球星"，他可以变化各种花样颠球，还可以同时颠好几个球。清朝统治者更喜欢马上运动，对蹴鞠不感兴趣，蹴鞠就此逐渐衰落下去。

《明宣宗行乐图》（故宫博物院藏）中的蹴鞠

19世纪末，现代足球从西方传入中国，本就喜爱蹴鞠的中国人很快就爱上了这项运动，当时的北洋大学堂还开设了足球课。新中国成立后，足球被列为重点运动项目。

蹴鞠的精巧装备

要想提高蹴鞠水平，离不开装备的更新换代。比如，唐朝之前的鞠多是实心的，制作方法也比较简单，就是在动物皮革中塞满毛发。但这样的鞠弹性不够好，踢起来缺乏灵活性，也缺乏乐趣。

唐朝时，古人发明了用动物的膀胱做内胆、外边用八片皮革缝制的空心球，需要人用嘴给球充气。到了宋朝，球表面的皮革从八片增加到了十二片，并且要求球的总重量不超过12两（400多克），还有了专门给球充气的鼓风箱。这种充气的空心球让蹴鞠运动的观赏性和灵活性更好地展现了出来，它的制作工艺与现代足球已经非常接近。

现代足球比赛中，一双优质的足球鞋必不可少。同样，古代的蹴鞠运动中也离不开可靠的蹴鞠鞋。在山东省淄博市的临淄足球博物馆中，有一双清朝的蹴鞠鞋，看上去非常结实。这是一双皮靴，鞋底是用麻线纳制的八层皮革，镶着24颗铁钉，能起到很好的防滑作用。鞋帮则是用丝线纳制的三层皮革。这双蹴鞠鞋的样子已经和现代足球鞋差不多了。

蹴鞠鞋　临淄足球博物馆藏

蹴鞠的历史源远流长，足球运动是我国的重要运动项目。这项运动散发出的魅力，在不同的时空征服着同样热爱生活、热爱运动的人。让我们也在繁忙之余踢踢足球，感受一下运动的快乐吧！

宋朝夜市游玩攻略

大家有没有和家长逛过热闹的夜市呢？结束白天的忙碌，一家人到夜市中撮一顿儿接地气的小吃，慰藉饥肠辘辘的自己；或者晚饭后到夜市中来一次充满烟火气的遛弯儿，甩掉一整天的疲劳……夜市"逛吃"真是快节奏生活的最佳调剂呀！

不过，逛夜市可不是现代人的"专利"。在1000多年前的宋朝，夜市就已经是城市居民生活的重要组成部分。来，让我们一起跟着这份详细的游玩攻略，去宋朝"逛吃"一番吧！

走起来，逛夜市啦

说起夜市，历史可是非常悠久。东汉许慎在《说文解字》中，就提到"豳（bīn，今陕西省彬州市）"这个地方，那里的人很爱逛夜市。不过当时的夜市还只是雏形，并且只在边境地区的少数地方存在。

夜市真正诞生是在唐朝。那时国家稳定、经济繁荣，夜间经济慢慢发展起来。唐朝诗人杜牧的诗句"烟笼寒水月笼沙，夜泊秦淮近酒家"描写的就是南京秦淮河两岸的夜市景象。当时的夜市主要开在酒楼等场所，服务的对象大多是王孙贵族。为什么会这样呢？因为唐朝大多数时间都实行宵禁政策，普通老百姓晚上很少出门。

　　到了宋朝，夜市更加兴盛。京城开封里最有名的夜市莫过于州桥夜市和马行街夜市了。

开封州桥遗址

当时有文人在笔记中记录了马行街夜市的繁华："天下苦蚊蚋（ruì），都城独马行街无蚊蚋。"为什么马行街没有蚊子和小飞虫呢？因为那里经常整晚都是人头攒动、灯光照天，不到四更（大约是凌晨三点）不会结束，蚊子和飞虫都被灯光和油烟赶跑啦！

到了夜市，大家都会逛哪些

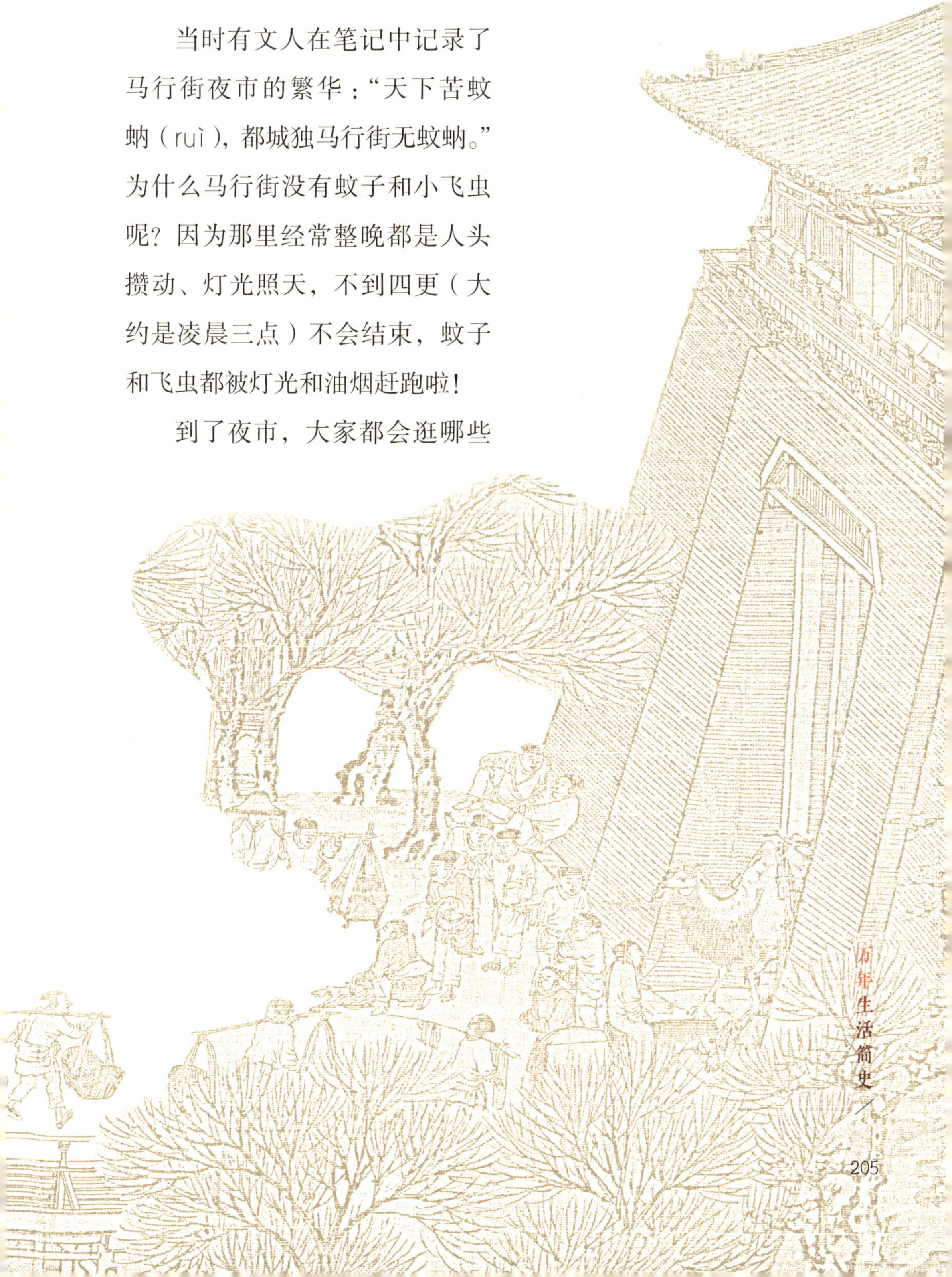

地方呢？茶楼、邸店（旅店）、酒店、瓦舍等绝对让人目不暇接。其中酒店和现代的酒馆有些相似，人们可以在开封的七十二家正店（官方批准这里可以酿酒）中喝到上百种不重样的、甜味的低度酒（高度蒸馏白酒当时还未出现），比如七十二家正店之首的樊楼就有"眉寿""和旨"等佳酿，每年销售几万斤之多，连皇帝都会过问。人们在这些正店中饮着杜康佳酿，行着五花八门的酒令，好不快活。

喜欢安静的人呢，也可以约上一二位好友去茶楼谈谈心、聊聊天儿、品品茶、吃些点心，欣赏一下"茶百戏"，这是一种用清水在煮好的茶汤表面点出精致图案的品茶、斗茶技艺，在当时的宋朝人看来其乐无穷。

瓦舍又叫瓦子、瓦肆、瓦市，是宋朝最有特色的娱乐场所，内部设有勾栏、酒肆、茶坊、餐厅等，俨然是一站式娱乐中心。一个一个的勾栏是瓦舍的核心，其他酒肆、茶坊等都是为勾栏的观众服务的。勾栏相当于现代的剧场，每天会有杂剧、歌舞、说唱、魔术、杂技、蹴鞠、相扑等各类节目表演，这些大的门类中还有小的类别，往往只需要花上几文钱（北宋时期，一文钱相当于现在的0.7元）就能看一场演出，好玩儿还不贵，普通百姓都能消费得起。

《清明上河图》中的瓦舍

宋朝的夜市吃什么

说到吃，大到酒肆中的佳肴，小到扁担挑着的小摊吃食，宋朝的人气美食在夜市里都能找到，因此往往一入夜，夜市上便华灯璀璨，人流如织。

开封人流量最大的州桥夜市，美食也最多。南宋的孟元老在自己的作品《东京梦华录》中，对州桥夜市的美食进行了十分详细的描述。比如水饭、爊（āo）肉、脯鸡、旋煎羊白肠、鲊（zhǎ）脯、砂糖冰雪冷元子、水晶皂儿、生淹水木瓜、砂糖绿豆冰雪凉水、荔枝膏、杏片、梅子姜、香糖果子、盘兔、旋炙猪皮肉、野鸭肉、滴酥水晶鲙等60多种。

在这些街边售卖的各种吃食中，肉食占了大部分。秋冬的夜晚，到州桥夜市吃热腾腾的爊肉、脯鸡、旋煎羊白肠，走一程就来一样儿，盘兔、旋炙猪皮肉、野鸭肉、滴酥水晶鲙、煎夹子之类的"杂嚼"，每个才不过十来文，价格非常亲民。此外，夜市中的水饭也非常受欢迎。把大米或小米熬成稀粥，撒上一些酒曲，密封发酵一晚后，用小勺舀着吃，酸甜爽口。

最受欢迎的食物当数那些果子和带有"冰雪"字样的冷饮甜品了。宋朝的果子包含的范围更广，是果干、蜜饯、生果等素食小吃的总称。当时的人们重视养生，因此果子占据了宋人饮食的半壁江山，比如宋朝名菜"蟹酿橙"中，就用橙子的果香来衬托蟹肉的鲜美。

宋朝甜品也很多，如砂糖冰雪冷元子、水晶皂儿等，不但名字好听，味道也绝佳，甜品

蟹酿橙

爱好者绝不应错过。其中砂糖冰雪冷元子是把黄豆炒熟，去壳磨成粉，然后再用砂糖或者蜂蜜拌匀，加水后团成小团子，放入冰水中做成的一道冰爽清凉的夏季甜品。水晶皂儿则是将煮熟的皂荚籽仁儿用糖水浸着吃。还有一种叫作"樱桃煎"

樱桃煎

的甜品，做的时候先用水煮樱桃，去核后把软软的果肉捣烂，然后放入特制模具中压成小饼，加上调料吃；也可以放入半融的冰水中，淋一点儿蜂蜜，晶莹透亮，紫红晕染，甜甜的，冰冰的，吃上一口暑意顿消。

不要觉得吃冷饮甜品很平常，要知道，宋朝之前吃冰是贵族才能享受的待遇。到了宋朝，制冰技术和制糖技术不断提高，吃冰、吃糖的成本下降，寻常百姓才能消费得起这样的美食。

宋朝的夜市为什么这么火

宋朝夜市的"火爆"是很多因素促成的。最重要的原因，当然是商品经济的空前繁荣和市民文化的兴盛。

宋朝虽然疆域较小，但不可否认，宋朝是我国古代商品经济极为繁荣的朝代，当时手工业、运输业和造船业都十分发达，使整个社会的物质产品得到极大丰富，各地物资的流通也很方便。宋朝的统治者对商人较为宽厚，允许工商业者在城市内自由活动，商人地位有所提高，这也极大促进了商业的发展。

《清明上河图》中发达的水陆交通

同时，为了显示与民同乐，宋朝建立后，统治者就尝试着放松宵禁制度，闹元宵、闹新春的习俗开始形成。宋仁宗还打破了唐朝时管理城市居民的里坊制，推翻坊墙，让原来的里坊街巷融入城市，并允许百姓沿街开店，这才有了商业的繁荣和夜市灯火通明的景象。

宋朝的夜市生活从夜幕降临一直持续到三更，给忙碌一天的百姓带去了不少的精神慰藉。据统计，北宋的夜市经济在整个国家财政收入中的占比竟高达百分之五到百分之十!

如果有机会让你回到古代的一个朝代旅游,你会选择能随便在夜市"逛吃"的宋朝吗?相信你的心中已经有了答案。

后记

《万年生活简史》的创作初衷，是希望通过介绍古人丰富多彩的生活，为青少年读者开辟一片认识和学习中国历史文化的新园地。

中国人现代生活的许多方面，究其本源都能追溯到祖先的种种智慧创造，择其精华向青少年读者介绍并非易事。于是，我们尝试从生活中的小事、趣事入手，再现古人鲜活的生活场景，打破青少年读者对古代生活认识的"距离感"。

古人有多喜欢"撸猫"？古人的衣襟有什么特别之处？古人为什么喜欢钓鱼？古人会用盐来做什么？古人的奶茶是什么口味的？古人的"美甲""冰箱""身份证"到底是怎样的？我们精心选择这些妙趣横生的话题，结合了大量历史文献、文物例证，从衣食住行及休闲娱乐多方面来梳理古代生活文化的历史脉络，呈现古人的生活实态。再加上那些穿插其中的千奇百怪的故事，见微知著地检视、阐述中国历史文化中的"万事"与"万物"是如何在文明演进中，逐渐成为中国人日常生活和中华文化的一部分。

在本书的撰写过程中，选择有趣的话题只是第一步，如何把我们以往的研究成果融入书中，如何从庞杂繁复的"知识王国"中挑选有用的知识点，并通过简单有趣的表达方式进行重组，来讲清楚每一种生活方式复杂的形成和演变历程，才是我们面临的最大挑战。要知道，本书中每一篇文章背后都蕴藏着丰富的历史文化信息，比如装束规范、起居礼仪、专卖制度等问题，都是很多前辈学者皓首穷经几十年才得以一探究竟的。这本书目前展现的面貌，是在结合自身研究成果、参考诸多前辈学者研究成果并努力贴近青少年读者阅读兴趣的基础上形成的。

当然，一定还有很多没有列入本书的话题和故事，并不是它们不够精彩或不重要，而是我们希望青少年读者在看完这本书后，也可以尝试挖掘日常生活中的趣闻趣事，展开一场古今生活"大对比"，去探究更多现代生活习惯的古代来源。

需要说明的是，《万年生活简史》是国家级、天津市级大学生创新创业训练计划项目（项目编号 202310065010、202310065152）的阶段性研究成果。项目组的各位同学为本书提供了莫大支持，其中包括天津师范大学历史文化学院杨铭含、蒋可研、冯斯怡、负佳瑞，天津师范大学经济学院高世姣、郭洛桐、陈玥、谭一冉、肖玉妃，中央民族大学历史文化学院姜洋，东北师范大学历史文化学院王润楠，暨南大学国际商学院吴桐，河北地质大学语言文化学院杨士钰，外交学院国际关系研究所潘小宇。

  本书的构思和出版，也离不开新蕾出版社编辑老师的大力支持与帮助。在此，由衷地感谢大家。

张致和
2024 年 1 月